Helene Hoerni-Jung

Unbekannter
Petrus

Inhalt

Ein Brief an Petrus
und seine Jünger auf Erden

Lieber Petrus,

wie das Kind dem Weihnachtsmann, so möchte ich nun dir schreiben:

nicht nur einen Brief, sondern deren viele. Seit Jahren bin ich im Herzen mit dir im Gespräch – du aber nicht mit mir – und das stimmt mich traurig.

Soll ich den hartnäckigen Gerüchten, wonach du den Frauen abhold gewesen bist, Glauben schenken? Das würde mir erklären, warum du es nicht schätzt, wenn ich – eine Frau – dir schreibe.

Weißt du, weshalb ich dir schreibe? Du ahnst es nicht! Ich tu's, weil ich dich gern mag. Liebe sei erste Christenpflicht, wurde ich belehrt. Ich nehme diese Pflicht ernst. Ja, ich erlaube mir, dich zu lieben, auch wenn ich und meinesgleichen bei dir wenig Gegenliebe finden.

Was also ist mit dir los?

Wie überliefert wird, sollst du jeden Kreis gemieden haben, wo Frauen zu vermuten waren. Mein Gott, sind die denn so schlimm? Was machte dir Angst?

Lass es geschehen, dass ich nun ein wenig neben dir hergehe, dich begleite und dich in deinem Tun und in deinem Lassen zu verstehen suche. Du zeigst uns, davon bin ich überzeugt, ja Wege des Lebens.

Gedanken über Petrus

So viel möchte ich über Petrus sagen, so viel, was von ihm ausgeht, und so viel davon bedürften die Menschen heute.

Spielerisch müsste man ihn aus dem Wasser heben wie er seinen Fisch, ihn aufstöbern im nassen Gras hinter dem Schilf bei den warmen Steinen, wo er am Boot hämmert, an seinen Netzen knüpft.

Ach, wie gerne möchte man ihn herausholen aus den grauen Wortgespinsten der Jahrhunderte und von ihm die staubige Decke ziehen, die ihn verhüllt. Ent-decken möchte man ihn. Könnte man ihn doch in bunten Bildern zeigen, ihn belauschen am grün-grauen Wasser, wo er sinnend sitzt und den Fischen zusieht: Blitzartig tauchen sie auf und zaubern mit ihren Nasen winzige Ringe in den silbernen Spiegel – kleine Grüße aus der Tiefe:

Hier einen ...

Dort einen ...

Wie Schallwellen pflanzen die Ringe sich fort in immer neuen Kreisen, als sollte aus kleinster Ursache größte Wirkung werden. Wäre Petrus selber ein kleiner Ring im Unendlichen? Ist er der Stein, der – geworfen ins Chaos – endlose Schwingungen erzeugt? Zweitausendjährige Kreise, und immer noch weitere ziehend? Fröhlich, leicht müsste man über Petrus zu reden wissen. Man müsste ihn sehen, wie er atemlos läuft, von den Ereignissen gefordert und ihnen nie ganz gewachsen. Man müsste ihn zeichnen, staunend und ratlos über Begebenheiten, die er nicht zu deuten weiß. Man sollte Petrus verstehend begleiten in seinen Nöten, seinen Fragen an den Meister und sich selbst. Man würde entdecken, dass diese Fragen gleichermaßen die unsrigen sind. Um Atem ringen müsste man mit ihm, nun, da das Unsagbare in sein Fischer-Dasein einbricht. Und – man kann nicht anders: Lieben muss man den Petrus in seiner rauhen Ungeschliffenheit, lieben seine vierschrötige Gestalt, seinen windschiefen Hut auf dem Kopfe, seine windgegerbte und wettergebräunte Haut und lieben auch seine hellen Augen mit dem wehmütigen Blick dessen, der die Einsamkeit kennt.

Nun ja – jeder fischt, wie er kann.

Der eine fischt oben, der andere fischt tief.

Mein Gott, was wird da alles herausgezogen!

Unbekannter Mann Petrus

Wie es anfing? – Ehrlich gesagt, mit einem Traum. Allerdings war der Petrus meines Traumes ein gänzlich anderer als der, den das Evangelium zeichnet. Doch was hatte es auf sich mit dieser Traumfigur? Ich kannte keinen andern Petrus als eben den des Evangeliums. So beschloss ich, über diesen nachzudenken. Würde sich mir zeigen, weshalb die Traumgestalt mich auf Petrus aufmerksam machte? Was ich zur Zeit des Traumes – er liegt Jahrzehnte zurück – nicht wusste, ist, dass schon an den Wurzeln des Christentums eine Gabelung im Verständnis der Bezeichnung »Christentum« liegt. Es war um das Jahr 100 n.Chr., als die Kirchenväter über das richtige Verständnis dieses Begriffs diskutierten: Die einen waren der Auffassung, Christentum verstehe sich als das verbindliche Glauben an bestimmte Lehren und Glaubenssätze. Die anderen waren der Überzeugung, dass es nicht nur um ein Glauben an ... ginge, sondern um den Mitvollzug, eine Lebenseinstellung, die sich am Leben Jesu orientiert und das eigene Leben im Sinne Jesu lebt. Und hier wird Petrus bedeutsam: Nicht mit dem erhöhten Heiland ist er konfrontiert, sondern mit dem provozierenden

Leben des Menschen Jesus. Mir will scheinen, dass die eine Strömung, das Glauben an bestimmte Lehren zum paulinischen Christentum geführt hat, die andere, die dem Lebensprozess Jesu folgt, aber zu einem »petrinischen« Christentum führen müsste. Ist es schon greifbar? Es ist wohl erst im Kommen. Müsste es – genau besehen – nicht eigentlich einen anderen, einen neuen Namen tragen?

Doch, wie gesagt, damals, als ich träumte und dann zu suchen begann, wusste ich von diesen zwei unterschiedlichen Strömungen nichts. Heute allerdings stellt sich mir die Frage: Wie kam es dazu, dass sich die christliche Kirche schließlich auf die *Lehren* des Apostels Paulus gründete und kaum oder gar nicht auf die *Gestalt* des Apostels Petrus? Er war es doch, der Schritt für Schritt neben Jesus hergegangen war und von ihm klar als Fels bezeichnet wurde, auf den er seine Kirche gründen wollte. Wer war dieser Mann? Was weiß man von Petrus? Ich lade meine Leserinnen und Leser ein, mich auf dem Weg des Antwortsuchens zu begleiten.

Meine Suche begann sehr einfach, nämlich mit dem Blick in ein kleines Lexikon. Was erfuhr ich dort? Simon, der spätere Petrus, hat in Kapernaum am See Genezareth gelebt, wo er mit seinem Bruder Andreas als Fischer sein Brot verdiente. Er war verheiratet und besaß ein Haus. Man vermutet, dass Simon erst Johannes-Jünger war und dann von

Andreas zu Jesus gebracht wurde. Im Jüngerkreis galt Petrus als der Führende; er steht in allen Apostellisten an erster Stelle (Matthäus 10,2; Markus 3,16; Lukas 6,14; Apostelgeschichte 1). Er spricht für alle Jünger und gehört zu den dreien, die Jesus besonders nahe standen (Petrus, Johannes und Jakobus).

Er ist der Sprecher des entscheidenden Christus-Bekenntnisses, oder, wie ich es sagen würde, der entscheidenden Christus-Erkenntnis. Immer – gemäß Lexikon – ist Petrus temperamentvoll und begeisterungsfähig, steht jedoch in Gefahr vorschnellen Redens und Handelns. Die Kraft und Umsicht, das Begonnene durchzuführen, ist bei ihm nicht immer vorhanden. Petrus wird nicht als Vorbild beschrieben, sondern als Mensch, der Fehler begeht – wie wir alle. Ja, gelegentlich scheint ihm auch der Teufel etwas einzuflüstern. Erkenntnis des Göttlichen und allzu menschliche Überlegungen stehen bei Petrus dicht beieinander. Ein Zwiespalt zwischen Wollen und Können ist bei ihm nicht zu übersehen.

Jesus beruft ihn aber dennoch.

Vertieft man sich in die Frage, welche Nachrichten von oder über Petrus historisch gesichert sind, erlebt man die große Überraschung, dass relativ wenig gesichert ist über diesen Menschen, der Fundament der christlichen Kirche sein soll.

Ich teile hier im Anschluss an das Buch Oskar Cullmanns[1] »Petrus. Jünger – Apostel – Märtyrer«, einem Standwerk zu unserem Thema einige wenige Stichworte mit : Als Quellen, die uns über Petrus berichten, kommen in der Hauptsache nur die Schriften des Neuen Testamentes in Frage (Evangelien, Apostelgeschichte, Paulus-Briefe). Darüber hinaus finden sich einige wenig ergiebige Sekundärzeugnisse. Als erwiesen gilt: Die historische Existenz des Petrus kann nicht bezweifelt werden. Hingegen bestehen große Zweifel darüber, ob Petrus je Bischof von Rom war. Während die einen Gelehrten der Ansicht sind, Petrus sei 25 Jahre in Rom und dort erster Bischof gewesen, vertreten andere Fachleute die Meinung, er sei überhaupt nie dort gewesen, außer, wie vermutet wird, an seinem Lebensende, und habe dort den Märtyrertod erlitten.

Man weiß sicher, dass Petrus erster Leiter der sogenannten Urgemeinde in Jerusalem war. Ergiebiger ist die Apostelgeschichte:

1,15: Wahl des Matthias; Petrus präsidiert die Gruppe.

2,14: Er erklärt der Gemeinde das Pfingstwunder.

3: Petrus vollbringt ein Heilungswunder an dem Gelähmten.

5,15: Heilung durch den Schatten des Petrus, etc.

In der Urgemeinde nimmt er zwischen den verschiedenen Strömungen der Judaisten und der Hellenisten eine vermittelnde Position ein.

Wegen des übermäßigen Eifers der gerade Christen Gewordenen und der verkündeten Auferstehung entsteht beträchtliche Unruhe unter der Bevölkerung. Petrus wird von Herodes gefangengesetzt; nach seiner Wieder-Befreiung verlässt Petrus Jerusalem »und begab sich an einen anderen Ort« (Apostelgeschichte 12,17). Welcher andere Ort das war, weiß man nicht.

Die Gemeinde von Jerusalem wird danach von Jakobus, dem Herrenbruder, weiter geleitet.

Wir stehen also vor der erstaunlichen Tatsache, dass gerade der Mensch, der Grund und Fels der fest gefügten und sesshaften Kirche gewesen sein soll, selber keineswegs sesshaft war, sondern sich auf den Weg machte und »an einen andern Ort ging«. So begann er seine Missionsreisen.

Gemäß Apostelgeschichte 4,13 war Petrus ungelehrt und ungebildet. Wir müssen daher annehmen, dass er auszog, um das zu verbreiten, was er selbst *erfahren* hatte. Während seiner Reisen blieb er weiterhin abhängig von der Gemeinde in Jerusalem und musste sich in etlichen Belangen Jakobus unterordnen. Auch dies erstaunt, wenn wir bedenken, dass ihm immer der Vorrang unter den Jüngern zugekommen sein soll. Als Missionsgebiete werden die Städte Joppe, Lydda, Cäsarea, Antiochia, Korinth und Rom genannt, wobei sein Aufenthalt in Antiochia durch die alten Schriften besser belegt ist als derjenige in Rom. Über das Lebensende des Petrus schweigen Evangelium, Apostelgeschichte und Paulusbriefe sich aus. Unsichere, indirekte Zeugnisse lassen nur unbeweisbare Hypothesen zu. Vollständigkeitshalber sei erwähnt, dass sich auch aus den archäologischen Funden nichts Schlüssiges über Aufenthalt und Lebensende des Petrus ableiten lässt.

Wichtig wurde mir, dass Petrus, der als »Personifikation der fest gefügten Kirche« (Cullmann) verstanden wird, selber eher ein unermüdlicher Wanderer auf seinem Wege der Berufung und Entwicklung war.

Wenn wir noch kurz nach möglichen Schriften fragen, die Petrus hinterlassen haben könnte, so stehen wir vor ähnlichen Schwierigkeiten wie bei der Eruierung seines Lebenslaufes. Man kennt die zwei sogenannten Petrusbriefe des Neuen Testamentes. Vom ersten weiß man mit Sicherheit, dass er nicht von Petrus stammt, und der zweite ist zumindest stark angefochten. Sie wurden trotz ihrer »Unechtheit« in den Kanon aufgenommen, da sie dennoch »nützlich zu lesen« seien, wie die Kirchenväter bestimmten. Weniger bekannt sind uns die apokryphen Schriften, die Petrus zugeschrieben werden, aber kaum von ihm stammen: die Petrus-Akten, das Petrus-Evangelium, die Offenbarung des Petrus, das Kérygma (Botschaft) Petrou und die Kérygmata Petrou. Dies sind interessante, wenn auch teils legendär ausgeschmückte Schriften aus den ersten Jahrhunderten. Im Kanon sind sie nicht zu finden; die Kirchenväter machten keinen Gebrauch davon.

Interessant scheint mir, dass unsere Vorstellungen von Himmel und Hölle von Schilderungen der sogenannten Petrus-Apokalypse geprägt sind; diese fanden auch in die christliche Kunst Eingang. Im Gegensatz zu Paulus hat also Petrus kaum Schriftliches hinterlassen. Auch Oskar Cullmann bestätigt, dass es schwierig sei, aus dem lückenhaften Material eine Theologie des Petrus ablesen zu wollen. Nun ist aber die Frage: Musste nicht die Kirche irgendetwas aus dieser gar nicht vorhandenen Theologie ablesen? Inwiefern hat sie sich sonst auf Petrus gegründet? Hat sie dies überhaupt? Wir sind wieder bei der Eingangsfrage.

Und noch einmal sei festgehalten: Petrus war ein Fischer und kein Theologe.

Menschenfischer:
Beruf oder Berufung?

Wen oder was wählte Jesus, indem er einen
Fischer ausersah, Träger des noch unbekannten
Neuen zu werden, das Er in die Wege leiten wollte?
Kennen wir ihn, den Fischer?

Der Fischer
Stiller Mann – Fischer
Allein
Allein mit Wasser und Wind
Im Nebel allein
Allein im driftenden Boot –

See ist ihm Heimat
Wasser ihm Grund
Kennt die Gezeiten
Kennt das Perlen des Regens
auf schieferner See –

Kennt Morgenfrühe
Kennt Abendstille
Den Tanz der Mücken
Das Springen der Fische
Kennt den schläfrigen Wellenschlag

Wiegt in den Wogen
Blickt nach den Wolken
Senkt seine Netze und
Summt sich ein Lied

In ihm sieh den Stein
Der plötzlich geworfen
In schweigende See
In ihm erkenne den Sinn

In Kreisen unendlich
Spürst du Bewegung
Zieht Dich hinein
Dem Ewigen zu

Doch schwer fällt das Netz
Verschwindet im Grau
Fängt Leben aus Tiefe
Bringt Schätze und Schmerzen

Wir wollen nun den Fischer Petrus bei einigen
Lebenssituationen begleiten. Als erstes beschäftigt
uns das Erlebnis seiner Berufung (Markus 1,16-20):
Jesus geht am Ufer des galiläischen Sees, wo er
Simon und Andreas ihre Netze auswerfen sieht.
Jesus heißt sie, mit ihm zu kommen. Er werde sie
zu Menschenfischern machen. Sie verlassen umge-
hend ihre Netze und folgen ihm. In dieser Textstelle
erfahren wir, dass Petrus einstweilen erst den Na-

men Simon trägt. »Simon« bedeutet: gut hörend, rasch begreifend. Falls »nomen omen est«, lässt sich vermuten, dass Simon ein intuitiver Mensch war. Seinen eigentlichen Namen Petrus – aramäisch: Kepa – Fels, Stein – erhält er erst später, in einem schicksalhaften Augenblick. Dieser neue Name steht für die Aspekte »fest« und »dauernd«, weist aber auch auf einen neuen Anfang hin. Schon aus diesen zwei Namen lassen sich Natur und Wesen des Simon Petrus ablesen. Er ist Bürger zweier Welten, oder: der Mensch in seiner Gegensatz-Struktur.

Bei seiner Berufung vernimmt er die ihm vom Schicksal zugedachte Bestimmung, »Menschen-fischer« zu werden. Was immer dies heißt! Er wird seinen bis dahin ausgeübten Fischerberuf offenbar auf eine andere Ebene transponieren müssen.

Jesus spricht ihn am Arbeitsort und mit einem Bild – Menschenfischer – an, das Simon aus seinem engsten Lebensbereich, dem Fischfang, kennt. Man kann daraus folgern, dass der Mensch seinen Le-bensauftrag, seinen Lebenssinn nur hört, wenn er ganz und in aller Treue bei sich selber ist.

Wie vor ihm Jesus selber unmittelbar nach der Taufe in die Wüste geführt wurde und dort mit Hunger, Durst, wilden Tieren, Engeln und gar dem Teufel konfrontiert war, so beginnt auch für Petrus nun ein schwieriger Weg eigener Aufgaben und Prüfungen.

Ich möchte hier mit allem gebührenden Ernst darauf hinweisen, dass Simon Petrus eine Jesus-Nachfolge antritt und nicht eine Nachfolge des auferstandenen Christus wie dies Paulus tut. Nach meiner Auffassung liegt hier ein springender Punkt. Ja, möglicherweise hat sich hier etwas gespalten, was zusammengehört. Und diese Vergessenheit hat zu der heutigen Blutarmut unserer Kirche geführt.

Doch bleiben wir beim Fischer-Apostel und seiner Arbeit.

Die Heilung
der Schwiegermutter
Ein erster Schritt auf dem Weg

Und sie gingen alsbald aus der Schule und kamen in das Haus des Simon und Andreas mit Jakobus und Johannes. Und die Schwiegermutter Simons lag und hatte das Fieber; und alsbald sagten sie ihm (Jesus) von ihr. Und er trat zu ihr und richtete sie auf und hielt sie bei der Hand, und das Fieber verließ sie und sie diente ihnen (»bewirtete sie«). (Markus 1,29-31)

Guter Simon, konntest du wissen, was deiner als erstes harrt, noch bevor du recht unterwegs bist? – Die Heilung deiner Schwiegermutter! Ausgerechnet! Zwar heilst du sie nicht selbst, aber du ahnst, wer ihr helfen könnte, und du holst den Helfer. Du siehst und lernst nun, wie man einer Frau hilft. Du und Deine Brüder sprechen über sie, lasst sie euer Anliegen sein, nehmt Notiz vom Unwohlsein der Frau. Jesu Hilfe ist sehr direkt und einfach: Er stellt die Beziehung her, indem er die kranke Schwiegermutter bei der Hand fasst und sie aufrichtet und mit ihr spricht. So einfach kann das sein – wenn auch nicht immer Heilung so leicht ist.

Vielleicht war, was du vor dieser Heilung erlebtest, eindrücklicher, ja verwirrender, sahst du doch zahlreiche leidende und gestörte Menschen sich um Jesus scharen. Da magst du dir überlegt haben, dass einer, der Stör-Geister bändigt, sicher auch mit einer Schwiegermutter umzugehen wisse. Recht hast du!

Ist es nicht merkwürdig, dass das Evangelium uns diese scheinbar so belanglose Geschichte überliefert? Was könnte sie uns sagen?

Wie ich bereits feststellte, wird Petrus in den apokryphen Schriften gelegentlich der Frauenfeindlichkeit verdächtigt. Ja es heißt sogar, er habe alle Orte gemieden, wo Frauen anzutreffen waren. Ist dies alles Legende oder steckt dahinter ein Körnchen Wahrheit? Und welches Licht würde dann unsere kleine Geschichte auf die Probleme des Petrus werfen? Mir ist, als zeige diese Erzählung an, dass Simon erst seine Verneinung des Weiblichen kurieren muss. Er darf Frauen nicht nur als »krank« und nicht nur als negativ belastete »Schwiegermutter« sehen. Die Frau steht bildlich immer auch für die eigene, weibliche Seite des Mannes. Simon muss sie also erst gesunden lassen, bevor er sein zukünftiges Amt ausüben kann. Denn er wird von ganzem Herzen arbeiten müssen und nicht mit lückenhaftem und geteiltem Sinn.

Das Krankheitsbild der Schwiegermutter – »Fieber« –

zeigt an, dass ein giftiger Erreger im Körper ist. Ein brennendes Problem macht ihr heiß und quält sie. Das Gift muss heraus. Insgeheim frage ich mich, ob, was hier im Bild der kranken Schwiegermutter ausgedrückt ist, nicht das angedeutete Problem des Simons selber sei: seine eigene vernachlässigte weibliche Seite. Sie will er nicht sehen und wirft sie deshalb wie einen Schatten auf die Frauen. Sie sollen den Makel tragen.

Die Textstelle meldet glücklicherweise die Heilung der Patientin und – was psychologisch so wahr ist: Diese jetzt genesene Seite kann Petrus und seinen Brüdern nun dienen, sie »bewirten«, heißt es. Ein Gewinn resultiert daraus für Petrus.

Simon Petrus soll eine gelähmte Tochter gehabt haben. Auf Bitten seiner Bekannten, aber auch um großartig sein Können zu demonstrieren, heilt er die Gelähmte, allerdings nur für kurze Zeit und lässt sie noch gleichentags in ihre Krankheit zurücksinken. Zur Rede gestellt über sein Tun, meint er, es geschehe seiner Tochter besser so. So würde sie von keinem Mann berührt und geliebt.

Simon, das war ein übler Trick! Sei ehrlich: Eifersüchtig warst du und hast deine Tochter keinem Mann gegönnt. Dir selber hast du sehr wohl eine Frau genommen, sonst hättest du weder Tochter noch Schwiegermutter. Weshalb findet deine Frau keine Erwähnung? Siehst du, da war einiges schief

in deinem Leben. Dein liebloses Verhalten gegenüber deiner Tochter war es wohl, was deiner
Schwiegermutter die Fieberhitze in den Kopf trieb,
handelt es sich doch um ihre Enkelin, die du nicht
heilen wolltest. Wieso nicht? Was war dir an deiner
Tochter unheimlich? Etwas von dieser verborgenen
Angst scheint bei einigen deiner Nachfolger zurück-
geblieben zu sein. Auch bei ihnen sind gelegentlich
im Umgang mit Frauen Merkwürdigkeiten zu be-
obachten. Du selbst wirst schließlich das Beispiel
deines Meisters beherzigen und wirst dich später,
wie dieser, bei einer vergleichbaren Krankheit men-
schenfreundlicher benehmen und dein Verhalten
wird dementsprechend von Erfolg gekrönt sein.

Des Fischers Arbeit
mit dem Netz

Petrus arbeitet mit dem *Netz*. Und da er jetzt Fische und später Menschen fischt, ist es unumgänglich, dass wir uns einige Gedanken über dieses sinnvolle Arbeitsgerät machen. Der Fischer wird uns in das von ihm geknüpfte Kunstwerk einfangen.

Die Symbolik des Netzes ist besonders schön. Ganz real: Das Netz ist das Arbeitsgerät des Fischers. In ihm fängt er viele Fische; er fängt sie lebendig und ohne Verletzungen. Der Fischer knüpft sein Netz mit eigener Hand (zumindest damals war es so). Er knüpft es aus gewachsenem Material, das aus zur Schnur gesponnenen und gezwirnten Pflanzenfasern besteht.

Das Netz hat etwas von einem Kunstwerk. Es zeichnet sich durch die Regel- und Gesetzmäßigkeit seiner Maschen aus. Je nach Fischart verwendet der Fischer gröbere oder feinere Netze. Kein starres Fanggerät benutzt er, sondern ein bewegliches. Es fügt sich der Strömung und der Hand des Fischers. Die Netzfasern quellen in nassem Zustand auf und schwellen ab in trockenem – gleichsam als atmeten sie.

Im übertragenen Sinne dürfen wir vielleicht interpretieren, dass das Netz Bild eines bestimmten, aber
lebendigen Ordnungsmusters, ja eines Organismus
ist. Wie ein bewegliches Koordinatennetz ermög-
licht es Orientierung. Es tauchen dabei Assoziationen auf wie: Verknüpfung, Verkettung, Vernetzung
... oder Bezüge, Beziehungen, Bindungen, Querver-
bindungen, Zusammenhänge... Ich sehe im Bilde
des Netzes Ordnungen und Strukturen, die wir uns
in kunstvollem und geduldigem Bemühen selber
erarbeiten und erwerben. Sie erlauben uns die An-
passung an Leben und Welt und geben uns die
Möglichkeit, unser Alltagsleben, unseren Beruf in
Bezogenheit und durch Sinnverbindung zu bewältigen. Es gilt, Zusammenhänge erkennen zu lernen.
Ein Mensch, der mit einem Netz arbeitet, ist ein
auf seine Umgebung bezogener Mensch.
Werfen wir in Anbetracht dessen, dass es sich um
ein Fanggerät handelt, noch einen kurzen Blick auf
die Etymologie des Wortes »fangen«: Wir stoßen
auf das ursprüngliche Wort »fanc« = befestigen.
Das Wort »ane-fanc« meint das »Herbeifangen«,
anfangen. Wer also im Netz landet und darin gefangen ist, steht zugleich in einem Anfang.
Da dieser An-fang, wenn er gemacht ist, unentrinn-
bar wird, ist es gut zu wissen, dass man als »Le-
bendiger« in die Netze des Lebens und die der Welt
innewohnenden Ordnungen eingeholt wird, ja, in

ihnen erst sein Leben findet. Nicht immer geschieht dies freiwillig; meist holt das Schicksal uns ein und lässt uns im Netz zappeln, bis wir das Einordnen gelernt haben.

Interessanterweise beruht auch die ganze Physis des Menschen auf der Netzstruktur, ja diese ist Voraussetzung für die Entstehung des Lebens überhaupt.

Der Mensch wird im Netz recht eigentlich zu sich selber eingefangen, zu seiner höchst eigenen Struktur. Indem er seine eigene Ordnung findet, erfährt er auch seine Partizipation am Sinn und an den ewigen Ordnungen. Er wird Teil des Ganzen, oder er ist zu einer gefestigten Weltanschauung gekommen.

Das Netz und der damit arbeitende Menschenfischer gehören zur tiefsten Taufsymbolik. Der im Wasser schwimmende Fisch entspricht dem Täufling, der Fischer dem Taufenden. Clemens von Alexandrien (2. Jahrhundert n. Chr.) drückt dies mit einem kleinen Gedicht aus:

Fischer, der mit süßem Leben
Fischlein lockt, geweiht dem Guten
aus der Bosheit argen Fluten,
rettend sie an Land zu heben.[2]

Dieser harmlose kleine Vers konfrontiert uns mit einer grundsätzlichen Frage: Soll man im Wasser bleiben oder soll man es verlassen?

Bei Clemens von Alexandrien findet sich die Vorstellung, das Wasser sei Teil einer Jenseitswelt[3], welcher der Mensch entrissen werden müsse. Tertullian[4] hingegen versteht das Wasser als Bild der Taufgnade, in welcher der Mensch verharren soll. Über diese beiden Auffassungen ließe sich streiten. Ich persönlich neige mehr zur Ansicht des Clemens. Denn wer aufmerksam die Evangelien liest, bemerkt, dass Jesus zur Bewusstwerdung, zum *Verlassen* des Wassers aufruft. Er selber hört seine Bestimmung im Augenblick des *Auftauchens* aus dem Jordan. Auch der auf dem Wasser wandelnde Petrus darf nicht versinken.

Das Fangen mit dem Netz verstehe ich als Aufforderung zu einem bewussteren Leben, zu lebendigem Leben überhaupt.

Als nötige Ergänzung sei hier beigefügt, dass das Netz einst auch als Waffe gebraucht wurde. Man ließ den Gegner sich tödlich im Netz verstricken. Im Alten Testament finden sich zahlreiche Bilder solcher Verstrickungen. Ja, Gott selber wirft sein Netz über den Gottlosen, um ihn zu züchtigen. Verstrickung kann als Segen oder als Fluch erfahren werden. Im Laufe der Jahrhunderte fanden sich so Christen verstrickt in gute und in böse Taten für die Sache ihres Glaubens. Und viele besonnene und unbesonnene Menschen sehen sich mit ihrem ganz persönlichen Schicksal verstrickt in die Forderungen und Gefahren ihrer Zeit und ihres Auftrages. Vernetzt mit dem Weltgeschehen, stehen wir nicht nur in seinen guten Ordnungen, sondern sind immer auch Teil seiner Verwicklungen und Verdrehungen. Jeder verbindliche Mensch erfährt Verstrickung, Eingebundensein, Faszination.

Das Netz ist ein höchst ambivalentes Symbol. Petrus, der das Netz handzuhaben hat, muss sich dessen und seiner daraus resultierenden Verantwortung bewusst sein. Als bezogener und involvierter Mensch steht er zu ihr.

Der Fischzug des Petrus

Wie ergeht es nun in der Geschichte vom wunderbaren Fischzug dem Simon mit dem Netze?

Es begab sich aber, als das Volk sich zu ihm drängte und das Wort Gottes hörte, während er am See von Genezaret stand, da sah er zwei Schiffe am Ufer des Sees liegen; die Fischer jedoch waren aus ihnen ausgestiegen und wuschen die Netze. Da stieg er in eins der Schiffe, das Simon gehörte und bat ihn, ein wenig vom Lande wegzufahren. Darauf setzte er sich und lehrte die Volksmenge vom Schiffe aus.

Als er aber aufgehört hatte zu reden, sprach er zu Simon: »Fahre hinaus auf die Höhe[5] und werfet eure Netze zum Fang aus!«

Und Simon antwortete und sagte: »Meister, wir haben die ganze Nacht hindurch gearbeitet und nichts gefangen; doch auf dein Wort hin will ich die Netze auswerfen.« Und als sie dies getan hatten, fingen sie eine große Menge Fische; ihre Netze aber wollten zerreißen. Und sie winkten den Gefährten im andern Schiffe, sie möchten kommen und ihnen helfen; und sie kamen, und sie füllten beide Schiffe, so dass sie zu sinken drohten. Als Simon Petrus das sah, warf er sich zu den Knien Jesu nieder und sprach: »Geh von mir hinaus, denn ich bin ein sündiger Mensch, o Herr!«

Denn Schrecken umfing ihn und alle, die bei ihm waren, wegen des Fischfanges, den sie getan hatten, ebenso aber auch Jakobus und Johannes, die Söhne des Zebedäus, die Simons Genossen waren. Und Jesus sprach zu Simon: »Fürchte dich nicht! Von nun an wirst du Menschen fangen«. Und sie brachten die Schiffe ans Land, verließen alles und folgten ihm nach. (Lukas 5,1-11)

Folgen wir der tiefenpsychologischen Auffassung, wonach in Jesus Christus das Symbol des Archetypus[6] des Selbst[7] verkörpert ist, so sehen wir hier die Konstellation dieses Archetypus: Er dringt in das noch schwache und labile Bewusstsein – das kleine Boot – des Simon ein. Jesus – oder ein Impuls des Selbst – heißt Simon, vom sicheren Lande abzustoßen und sich dem Tiefen zuzuwenden. Dort soll er fischen, tiefer einlassen soll er sich. Es ist Nacht. Simon, der »Rasch-Hörende« folgt, wie er sagt, »auf dein Wort hin«. Nicht der eigenen Vernunft gehorchend, sondern einem Impuls des Selbst (Christus in ihm) gehorchend, wirft er gegen alle Vernunft die Netze aus. Es geschieht das, was manchen geschieht, die zu tief »fischen«. Es kommt mehr als erwartet und mehr als man auffangen kann.

Die überwältigende Fülle zerreißt die Netze, sprengt die Strukturen, das Boot droht zu sinken. Das Bild steht für die gefährliche Überflutung durch

Der Fischzug des Petrus

Inhalte des Unbewussten und dessen unerwünschten Zusammenbruch aller mühsam erarbeiteten Begriffswerkzeuge, aller Normen und Ordnungen, deren Petrus bis dahin so sicher war; es geschieht eine »Beleidigung für den Verstand« (C.G. Jung).
Wie verständlich der Schrei des Simon: »Weiche von mir«, – »gehe von mir hinaus!« (M. Luther).
Die unerklärliche Folge des tiefen Fischzugs lässt Petrus Dämonie befürchten. Er zweifelt am eigenen Verstand. Das Doppel-Antlitz der Gotteserfahrung jagt ihm einen heiligen Schrecken ein. Intuitiv wie er ist, entsinnt er sich jedoch des Rettenden. Er ruft seine Kameraden. Sie helfen den Reichtum bergen und profitieren mit ihm von der Fülle.
Ein Grundmuster, das auch in unserm Leben zu beherzigen wäre: Wer »fischen« will oder muss, der soll teilen. Wer nicht fischen muss, der soll helfen. So wäre beiden gedient. Überraschenderweise lassen die Fischer alles liegen und begeben sich mit Jesus auf den Weg, fasziniert von diesem Menschen, der ihnen eine andere Dimension zu öffnen wusste.
Sind nicht in vergleichbarer Weise auch alle unsere Energien angezogen, wenn in uns ein Archetypus wirksam wird?
Nach diesem Ereignis beruhigt Jesus den Simon, indem er ihm sagt: »Fürchte dich nicht!« Er hält ihn nun für fähig, Menschen in seine Netze einzuholen.

Was, in übertragenem Sinne, fängt Petrus eigentlich, wenn er Fische fängt?

Wie wird das alltägliche Handwerk eines Fischers plötzlich zum bedeutungsschweren Bild?

Das Fischsymbol ist keine Neuschöpfung des Christentums. Vielen alten Völkern waren Fische als Götter-Symbole heilig. Der Fisch wurde namentlich in Syrien zum Glücks-, Heils- und Lebenszeichen. Seine Symbolik beruhte vor allem auf seiner außerordentlichen Vermehrungsfähigkeit. Ganz natürlicherweise wurde der Fisch dadurch zum Symbol der Lebensfülle und der Lebensmitteilung.

Wir wissen, dass der Fisch seit eh und je »Lebensmittel« des Menschen war. Weniger bekannt, aber für die Symbolik in unserem Zusammenhang aufschlussreich ist, dass er auch biologisch alle Stoffe enthält, die der Mensch zum Leben braucht.

Möglicherweise haben auch die Quicklebendigkeit und die Ungreifbarkeit des Fisches mit dazu beigetragen, aus ihm ein Bild des Lebens und der Lebendigkeit werden zu lassen.

Christen verstehen sich als die Lebendigen, als Gewandelte und zu neuem Leben Geführte. Dem antiken Fischopfer, dem Fisch der Toten, setzen sie den Fisch der Lebendigen gegenüber. Die Fischbedeutung der Christustitel bzw. der Buchstaben ICHTHYS (= griech. Fisch) stammt wohl von der Überzeugung her, dass Jesus-Christus Bild und

Inbegriff des Lebens und Bringer neuer Lebens-
möglichkeiten sei.

Ich erinnere in diesem Zusammenhang noch einmal
an unsere Auffassung vom Archetypus des Selbst
als stetem Wachstumsbringer. Wir selber, die »kleinen Fische« sollen ihm, dem großen Fisch aus der
Tiefe gleichen. Wie Er aus der »Tiefe des Meeres
menschlichen Lebens gefischt wird«, so sollen auch
wir, die kleinen Fische, aus dem Wasser gehoben
und neu gestaltet werden nach Art und Weise des
großen Fisches Jesus Christus.

Ergänzend und übersetzend können wir bei C.G.
Jung Ähnliches hören. Er vergleicht die Fische mit
den »ungeborenen Kindern«, d.h. mit solchen Menschen, die noch friedlich in ihrem wenig bewussten
Zustand »daherschwimmen« oder jenen Inhalten
unserer Seele, die der Bewusstmachung harren. Es
sind innere Fische, die – auch sie – uns zur Nahrung
gereichen. Das weiß jeder, der sich mit den aus
dem Meer seines Unbewussten aufsteigenden Bildern und Problemen befasst.

Auch in der Schau östlicher, orthodoxer Weisheit
wird diese anfängliche menschliche Entwicklungs-
stufe dem Element Wasser zugeordnet: Sie entspricht dem Zustand der noch unentwickelten Möglichkeiten.

Wir müssen es mit der nur bruchstückhaft ange-
deuteten Symbolik des Fisches genügen lassen. (Zu

bedenken wäre beispielsweise auch der mit dem Fisch verbundene Opfergedanke.)

Zusammenfassend sind mir zwei Aspekte wichtig: Ein Passivum und ein Aktivum.

Erst werden wir gefischt, dann werden wir selber an den Netzen tätig. Das heißt: erst werden wir – so Gott will – in unserem Wesenskern getroffen. Alsdann kann es geschehen, dass – wiederum so Gott will – wir selber auf andere konstellierend wirken. Es empfiehlt sich, gerade dann weiterhin am *eigenen* inneren Fischfang zu bleiben und die Ordnung des Netzes einzuhalten. Auch Petrus kehrt, gemäß apokryphen, sehr sinnvollen Texten, zu seinen Netzen zurück.

Mir scheint, wer sich treu an den eigenen Netzen abmüht, der spürt, dass dies zugleich Dienst an den kollektiven und ewigen Netzen und Ordnungen ist. Für dieses Tun und Erleben steht die Figur des Petrus.

Gefährliche Schritte

Vor mir liegt ein kleines Bild aus dem Egbert-Codex des 10. Jahrhunderts. Es zeigt drei Männer in einem Boot. Einer der Männer hält das Steuerruder, zwei Männer gestikulieren lebhaft mit den Händen. Ein weiterer Mann befindet sich im Wasser. Seine Augen blicken angstvoll. Es ist Petrus. Das Wasser ist bewegt. Auf den Wellen steht Jesus mit einem Buch in der Hand. Oben im Bild fliegt ein Fabelwesen, vermutlich die Personifikation des Windes, der dem Boot entgegenbläst. Als Gallionsfigur knurrt ein Löwe am oberen Teil des Schiffbugs. Die Titel zum betreffenden Text lauten in verschiedenen Bibelausgaben unterschiedlich:

❏ Die Rettung des sinkenden Petrus (Bildüberschrift im Egbert-Codex)

❏ Der Gang Jesu auf dem Wasser (Einheitsübersetzung)

❏ Jesus wandelt auf dem Meere und hilft dem sinkenden Petrus (Luther-Übersetzung)

❏ Jesus wandelt auf dem See. Der sinkende Petrus (Zwingli)

❏ Petrus geht dem Herrn auf den Wellen entgegen

Diese unterschiedlichen Bezeichnungen gewichten das beschriebene Ereignis verschieden: Dem einen

Autor oder Übersetzer ist Jesu Gang auf dem Wasser wichtig, dem andern das Versinken des Petrus. Wieder einem andern schien, Petrus sei doch auf dem Wasser gegangen, und wieder einem ist seine Rettung wichtig. Ein komplexes Bild, mit mehreren Facetten! Es lädt uns ein, selber mit einigen Überlegungen hinein zu gehen: Wie war es genau? Wie verstehen wir es?

Und er nötigte die Jünger, ins Schiff zu steigen und ihm ans jenseitige Ufer vorauszufahren, bis er die Volksmenge entlassen hatte. Und nachdem er die Volksmenge entlassen hatte, stieg er für sich allein auf den Berg, um zu beten; und als es Abend geworden, war er allein dort. Das Schiff war schon mitten auf dem See und litt Not von den Wellen; denn der Wind war ihnen entgegen. In der vierten Nachtwache aber kam er zu ihnen, indem er auf dem See wandelte. Als aber die Jünger ihn auf dem See wandeln sahen, erschraken sie und sagten: »Es ist ein Gespenst« und schrien vor Furcht. Alsbald aber redete er sie an und sprach: »Seid getrost, ich bin's; fürchtet euch nicht!«
Da antwortete ihm Petrus und sprach: »Herr, bist du es, so heiße mich zu dir auf das Wasser kommen«. Er aber sprach: »Komm!« Und Petrus stieg aus dem Schiff und wandelte auf dem Wasser und kam auf Jesus zu. Doch als er den Wind sah, fürchtete er sich, und da er anfing zu sinken, schrie er: »Herr, rette mich!« Alsbald aber streckte Jesus die Hand aus, ergriff ihn und sprach zu ihm: »Du

Kleingläubiger, warum hast du gezweifelt?« Und als sie ins Schiff gestiegen waren, legte sich der Wind. (Matthäus 14,22-33)

Wenn wir uns den Text vor Augen halten, wird uns, anders als bei meinem harmlosen kleinen Bild, die gespenstische Atmosphäre klar, die das ganze Geschehen doch umfängt. Es ist Nacht, die Jünger sind mitten auf dem See, und rauhes Wetter dreht auf. Unheimlich genug – und da taucht nun vor ihnen plötzlich eine Gestalt auf. Wie ist das möglich? Alle schreien. Eine Halluzination, oder was sonst? Sie vermuten ein Gespenst. Begreiflich, dass die Gemütsruhe der Jünger aufgeschreckt ist und ihre Nerven gereizt sind.

Viel Aufregung war schon vorausgegangen: die unbegreifliche Enthauptung des Johannes des Täufers, die darauf folgende Beunruhigung des Volkes, ja Jesu selbst. Dann geschah die Brotvermehrung und die wunderbare Speisung der Fünftausend, wo die Jünger zwar eigenhändig Brot und Fische austeilten, sich aber ganz und gar nicht erklären konnten, wie dieses viele Brot entstanden war.

Der unruhige See entspricht ganz dem aufgewühlten Gemütszustand der Bootfahrer. Das Halbdunkel korrespondiert mit ihrem eingeschränkten Bewusstsein. Umrisse sind nur unklar wahrzunehmen. Jesus hat die Jünger ins Boot geschickt, ja gezwungen, wie es in den einen Übersetzungen heißt. Das Boot gibt ihnen eine bedingte Geborgenheit mitten im Fluss der unerklärlichen Vorgänge.

Jesus hatte sich entfernt, war auf einen Berg gestiegen, hatte das viele Volk nach Hause geschickt. Er brauchte Distanz und wollte auch die Jünger Distanz zum Geschehen gewinnen lassen. So etwas wie eine Kluft tut sich zwischen Jesus und den Jüngern auf. Wohl steht Jesus auf festem Boden (dem Berg), die Jünger aber sind in einer labilen, prekären Situation (dem schwankenden Boot).

Wir selber beschreiben unseren Zustand mit »wir schwimmen«, wenn wir in einer unsicheren und ratlosen Situation sind.

Ausweichmöglichkeiten sind für die Jünger keine da. Sie sind im jetzt beinahe zum Gefängnis werdenden kleinen Schiff auf sich selber zurückgeworfen.

Was bezweckt Jesus mit dieser Distanzierung und diesem Aussetzen der Jünger? Es ist, als wollte er sie schützen vor dem Hochmut wegen ihrer eigenen Wundertat und vor der übertriebenen Verehrung durch das Volk. Das unerklärliche Gelingen der Brotvermehrung könnte die Jünger in Versuchung führen, sich Macht anzumaßen und aus »Steinen Brot« zu machen, wie es Jesus einst selber als eigene teuflische Versuchung erleben musste. Gnade darf also nicht missbraucht werden. Jesus will die Jünger vor Selbstüberschätzung bewahren. Nicht sie waren es, die das viele Brot zu beschaffen wussten, auch wenn die Verteilung durch ihre Hände lief.

Die Geschichte schweigt sich darüber aus, wie sich das Brot vermehrt hat. Auch wir wissen es nicht, aber ich denke, jedem Menschen ist schon unerklärliche Sättigung zuteil geworden – so in Augenblicken, in welchen wir jeden Appetit vergessen. Sei es, dass wir so erfüllt und fasziniert sind von etwas, das wir hören oder sehen; sei es, dass uns ein Erlebnis, das wir nicht »schlucken« können, den Appetit verdirbt. »Ich habe genug« ist eine Redensart, die wir bald positiv, bald negativ verwenden, um auszudrücken, dass wir etwas satt haben oder übersatt sind. Ja, sättigen kann vieles, auch gänzlich Immaterielles.

Doch zurück zum See, wo die Jünger gegen Wind und Wellen kämpfen und nun von einer Vision erschreckt werden. Wie sollte sie dieses traumwandlerische Geschehen nicht erschrecken?

Auf dem Wasser gehen kann der Mensch nicht. Ein Wasserwandler überschätzt seine Möglichkeiten. Er ignoriert die natürlichen Gesetze. Hypnose, Rausch oder Selbstüberhebung mögen uns zu ähnlichen Exkursen verleiten.

Petrus, der doch von seinem Fischer-Beruf her das Wasser und dessen Tücken kennen müsste, lässt sich hinreißen zu diesem untauglichen Versuch.

41

Getragen von der Begeisterung für seinen Meister, sich ihm ähnlich wähnend und angetrieben von den vorangegangenen Erwartungen des Volkes, vergisst er alle Vernunft. Jesus unterstützt das Wagnis mit seiner vertrauensspendenden Einladung »komm«. Er lässt Petrus seine eigene Erfahrung, eine Selbsterfahrung, machen, als wollte er ihn wieder zurück in die Realität führen, ihm ermöglichen, sich und seiner menschlichen Maße bewusst zu werden.

Erkennen bringt Ernüchterung.

Es ist der Wind, der Hauch Gottes, der dem Unternehmen entgegensteht: Er schreckt und weckt Petrus, er raubt ihm den Mut. Petrus droht zu versinken. Ob er, ein Fischer, des Schwimmens wirklich unkundig war? Wohl kaum: Doch Jesus rettet ihn vor dem Ertrinken und vor dem Zurückgleiten in sein »altes Fahrwasser«, in sein Element, das Wasser. Nein, Petrus darf nicht untergehen, schon wegen der ihm zugetrauten Aufgabe, »Fels« zu sein. Er wird nun wie ein Fisch ins Boot gezogen. Es war ihm weder das Regredieren in einen diffusen Zustand noch das Schweben über dem Wasser in gehobener Stimmung erlaubt. Petrus muss in die Realität und in die relative Sicherheit des Bootes zurück, muss festen Boden unter den Füßen finden. In welche Not gerät Petrus eigentlich, wenn er zu ertrinken droht? Welche Bedeutung wollen wir dem Ertrinken geben? Jeder Mensch kennt solche Notsituationen, weiß, wie schwer sie zu ertragen sind: es heißt dann:

❑ Ich ertrinke in Arbeit.

❑ Ich gehe unter in Sorgen.

❑ Ich versinke in Trauer und Tränen.

❑ Wir leiden unter Reiz-Überflutung.

❑ Die Wellen des Zorns schlagen über mir zusammen.

❑ Eine Flut von Vorwürfen bricht über mich herein.

❑ Die Welt geht mir unter ...

Solche Redeweisen zeigen einen Zustand an, in welchem unsere Identität, unser Ich-Bewusstsein gefährdet ist. Das Wasser löst die klaren Umrisse auf. Unsere Konturen verschwimmen. Eine gewisse Entgrenzung tritt ein. Wir verlieren uns in einer diffusen Verfassung, gehen eine ungute Symbiose mit den Umständen ein, die zunehmend Macht über uns gewinnen. Wir haben uns zuviel zugemutet. Unser Ich ist zu passiv.

Genauso erliegt Petrus seinen Zumutungen an sich selbst. Von Jesus her gesehen ist das Versinken aber nicht erwünscht. Er zieht Petrus heraus.

Gegenüber dem passiven Sich-Versinken, Sich-gehen-Lassen, gibt es jedoch auch das positive und fruchtbringende, seelige Versinken in Andacht, das tiefe Eintauchen in den Anblick eines schönen Bildes, das Schwimmen im Glück und anderes mehr. Wie bereits erwähnt, dachten auch die Kirchenväter über die Ambivalenz des Wassers nach. Dem Einen wird es zum gefährlich-verschlingenden Element (Clemens von Alexandrien), dem Andern zum Wasser der Taufgnade (Tertullian).

Petrus erlebt beide Aspekte. Er wird nicht verschont von dem Beinahe-Ertrinken und hat doch zu anderer Zeit die Fülle und Gnade des Wassers erfahren. Begeistern sich nicht zahlreiche Menschen an einem Meister, laden sie sich nicht an einem Guru, einem Führer, einem Therapeuten, an einem Idol auf und entschweben dann, alle Vernunft vergessend, in idealistischen Phantasien oder versinken im Chaos? Jesus verbietet dies seinen Jüngern. In Petrus statuiert er ein Exempel.

Petrus muss – und wir wie er – in seinen eigenen Möglichkeiten bleiben. Das ist für ihn, wie auch für uns, ernüchternd. Wir sind nur die, die wir sind. Begeisterung und Hingerissensein reicht nicht aus. Nachfolge Jesu meint nicht Imitation, sondern verlangt individuelle Einsicht.

Gerade in dieser Textstelle wird bald das Vertrauen des Petrus gelobt, doch auch sein Kleinmut gerügt. Darum möchte ich noch einmal an die Auffassung erinnern, die in Jesus Christus ein Symbol des Archetypus des Selbst sieht. Gemäß dieser Auffassung würde Petrus einem Impuls des Selbst folgen, wenn er dem Ruf Jesu »komm« gehorcht. Er folgt dieser Instanz in uns, die mehr weiß, als unser Bewusstsein. Es stimmt, dass solches Vertrauen uns zu Schritten verlockt oder verleitet, die wir anders nie wagen würden, oder zu Möglichkeiten führt, die wir nie ahnten. Aber diese Geschichte mahnt uns, Schritte mit Bedacht und nicht blindlings zu gehen. Von uns wird »Spürbewusstsein«[8] verlangt. Ich möchte einen kleinen Vergleich anstellen: Ich erinnere an den bekannten Ausspruch, dass kein Sperling vom Dache falle, ohne dass Gott es sehe. Aber, obwohl Gott das Fallen *sieht*, lässt Er den Sperling eben doch fallen. Das ist das eine, das andere, dass der Sperling fliegen kann und deshalb nicht abstürzt.

Mit Petrus könnte es ähnlich sein; nur müsste er sich auf sein Schwimmen-Können besinnen. Dieser »Weg« würde ihn sicherer zum Meister führen, als das unbedachte Über-dem-Wasser-schweben-Wollen.

Das Schicksal mag uns immer wieder in riskante Unternehmungen stürzen, aber wenn wir klug sind wie der Sperling, öffnen wir beizeiten unsere Flügel und lassen uns weder fallen noch sinken wie Petrus. Noch eine Anmerkung zu unserem Text: Die Jünger im Boot erschrecken über das »Gespenst«, Petrus aber über den Wind. Er hat mehr erkannt. Jesus erkennt er als den, der Er ist. Gottes Geist (Wind) steht Zauberkunststücken entgegen. Petrus wird schließlich vor dem Ertrinken und seiner eigenen Trunkenheit bewahrt.

»Es hat gar keinen Zweck, sich bis in die letzten Konsequenzen an das Unbewusste auszuliefern. Wenn dies... richtig wäre, hätte die Natur das Bewusstsein nicht erfunden. Es ist deshalb ...nötig, dass wir mit dem Bewusstsein immer so weit dabei sind, dass unsere Wirklichkeit (das Existierende) genügend wahrgenommen wird. Sonst laufen wir Gefahr, von einem Unbewussten, das unsere Menschenwelt nicht kennt, überrannt zu werden. Das Unbewusste kann sich nur mit Hilfe und unter Kontrolle des Bewusstseins entwickeln.«[9]

Petrus kann erst Menschenfischer werden, wenn er gelernt hat, mit dem Wasser und dessen Fährnissen angemessen umzugehen und sich nicht kopflos hinein zu stürzen. Er darf sein eigenes Element, das Wasser, nicht missachten, obwohl ihm gerade dieses Erlebnis der Angst und des Ertrinkens eine kostbare Erfahrung schenkt.

Abrundend sei darum erwähnt, dass das Versinken und die Rettung des Petrus zur Auferstehungssymbolik gehört. Auf orthodoxen Auferstehungsbildern, die Jesus auf seiner Höllenfahrt zeigen, ist meist am rechten Bildrand auch der gefährliche Wasserwandel des Petrus dargestellt – als Sinnparallele zu dieser – gleichzeitig verstandenen – Höllen- und Auferstehungsfahrt.[10]

An zentraler Stelle (Matthäus 16,17) nennt Jesus Petrus »Bar-Jona«, Jonas Sohn, da Petrus gleich

Jona dessen Ertrinken und Rettung (im Walfisch-
bauch) selber als seine »Nachtmeerfahrt« überste-
hen muss. Petrus erfährt durch sein Ertrinken sozusagen die ihm gemäße Taufe und seine nachfol-
gende Errettung. »Kein anderes Zeichen als das des
Jona« (Matthäus 12,39-40) verspricht Jesus seinen
Anhängern. Jeder, der zu seinem Leben finden will,
muss durch das Dunkel. Einem Menschenfischer
ist diese Erfahrung unabdingbar, denn ungezählt
werden die Menschen sein, die ihn in ähnlicher
Prüfung um Hilfe und Verständnis bitten werden.

> Gepriesen seist Du, Christus unser Gott;
> denn Du hast Fischer zu Weisen gemacht,
> als Du gesandt hast den Heiligen Geist,
> und hast durch sie den Erdkreis in Dein
> Netz geholt, Menschenfreundlicher, Ehre sei Dir![11]

Die Weisheit
des Fischer-Apostels

In einer Zeitschrift lese ich etwas von der »Weisheit des Fischer-Apostels«: Die hier gemeinte Weisheit steht für die unverdorbene, kindliche Frömmigkeit des einfachen Menschen. So also, wird uns empfohlen, sollten wir alle sein: nichts fragen, nur glauben ...

Stimmt dies aber für den Fischer-Apostel?

Ich meine: Nein! Denn seine Weisheit ist eine andere und seine Frömmigkeit gründet gerade nicht in ahnungsloser Gläubigkeit. Worin liegt aber die Weisheit dieses Apostels? Er gibt sie uns – wie erwähnt – in keinen Schriften preis. Doch bei Vertiefung in sein Verhalten zeigt sich, dass er keineswegs unter die nicht-hinterfragenden Gläubigen zu reihen ist, im Gegenteil: Zu den wagemutigen Vorpreschern müsste man ihn zählen. Er hinterfragt sehr wohl vieles, und vor allem: Er stürzt sich in geradezu provokanter Weise in alle Abenteuer, als wolle er nicht nur fragen, sondern auch gleich die Probe aufs Exempel machen. Stimmt denn das alles, was der Meister uns verspricht?

Der sinkende Petrus

»Provocare« heißt hervorrufen, herausfordern. Und so ist es auch: Petrus fordert uns immer wieder heraus durch sein intuitives, oft überstürztes, unkonventionelles Verhalten und Handeln. Insofern hinterfragt der Fischer-Apostel alles, und Enttäuschungen bleiben ihm nicht erspart. Er wird nicht verschont von Zweifeln, Vorwürfen, Strafe und Gefängnis.

Man denke nur an sein Ertrinken, an die dämonische Versuchung, an sein Geschütteltsein vom Satan, an seine Bloßstellung durch die Magd, an seine Verleugnung und anderes mehr. Nein, die Weisheit des Fischer-Apostels bleibt keineswegs bei einer naiven Frömmigkeit stehen. Sie entwickelt sich vielmehr aus dem eingegangenen Wagnis, dem Risiko der eigenen Erfahrungen, dem Aufsichnehmen des eigenen Fehlens.

Mag sein, dass diesem Fischer als naturverbundenem Menschen ein Sinn für höhere Ordnungen eigen war. Sein Wirken und Leben in und mit den Elementen, das Erfahren der Gezeiten, das Eingebettetsein in den Rhythmus der Natur könnten Petrus eine Schau innerer Ordnung erlaubt haben: einer Weltinnen-Ordnung, einer größeren Weisheit als die unsrige. Wir wissen es nicht. Petrus behielt seine Weisheit für sich.

Fordert uns dieses Schweigen nicht heraus, nachzudenken, auch zu hinterfragen, weshalb Jesus gerade einen Fischer zu seinem Botschafter machte und welcher Art diese spezifische Weisheit war?

Das Wort »fromm« stammt von dem althochdeutschen Wort »fruma«, es bedeutet »mutig, wagemutig« und meint den, der andern im Kampf vorangeht. Der wirklich fromme Mensch ist demnach nicht nur ein naiv-kindlicher, sondern auch ein wagemutiger Mensch.

So sehe ich den Fischer-Apostel Petrus. Nicht im Chorgestühl sitzt er, sondern am scharfen Wind.

Die gegenseitige Erkenntnis

Erkenntnis von Selbst zu Selbst

Nur mit großer Scheu gehe ich an die folgende Textstelle. Sie berichtet von *der* schicksalsträchtigen Begegnung zwischen Jesus und Petrus. Ein Text, über den zahlreiche Theologen und ungezählte Menschen nachgedacht haben. Man möge mir verzeihen, wenn ich, dessen ungeachtet, auch noch einige Überlegungen hinzufüge.

Als aber Jesus in die Gegend von Cäsarea Philippi gekommen war, fragte er seine Jünger: »Für wen halten die Leute den Sohn des Menschen?« Da sagten sie: »Etliche für Johannes den Täufer, andere für Elia, noch andere für Jeremia oder einen der Propheten«.

Er sagte zu ihnen: »Ihr aber, für wen haltet ihr mich?« Da antwortete Simon Petrus und sprach: »Du bist der Christus, der Sohn des lebendigen Gottes«. Jesus aber antwortete und sprach zu ihm: »Selig bist du Simon, Sohn des Jona; denn Fleisch und Blut hat dir das nicht geoffenbart, sondern mein Vater in den Himmeln. Aber auch ich sage dir: Du bist Petrus, und auf diesen Felsen will ich meine Kirche bauen, und die Pforten des Totenreiches werden nicht fester sein als sie. Ich will dir die Schlüssel des Reiches der

*Himmel geben; und was du auf Erden binden wirst, das
wird in den Himmeln gebunden sein, und was du auf Erden
lösen wirst, das wird in den Himmeln gelöst sein«. Dann
gab er den Jüngern strengen Befehl, sie sollten niemandem
sagen, dass er der Christus sei. (Matthäus 16,13-20)*

Jesus tastet ab, wen oder was seine Zeitgenossen
in ihm sehen. Machen wir uns immer wieder klar,
dass Er einstweilen erst ein wandernder Lehrer
(Rabbi) und noch kein Auferstandener (Heiland)
ist! Auch Jesus befindet sich erst auf dem Wege
der Selbst-Erfahrung. Diesen Unterschied dürfen
wir nicht übersehen, wenn wir den Weg des
Petrus und die ihm auferlegte Pflicht verstehen
wollen.

Auf die Frage Jesu, wer der Menschensohn sei,
antwortet Simon-Petrus direkt und intuitiv: »Du
bist der Christus, der Sohn des lebendigen Gottes«.
Ebenso schlagartig erfolgt die Reaktion Jesu: »Ge-
segnet seist du, Simon, Sohn des Jona, denn Fleisch
und Blut hat dir das nicht gesagt, sondern mein
Vater im Himmel. Und auch ich sage dir, dass du
Petrus (Kepa) bist, und auf diesen Felsen will ich
meine Kirche bauen.« Dann werden ihm die Schlüssel des Himmelreiches anvertraut sowie das Binden
und Lösen.

Ob Sie mit mir die Dramatik dieser Begegnung
spüren?

Wir erleben hier, wie Selbsterkenntnis mit dem Erkannt-Werden durch einen Mitmenschen gekoppelt ist. Das Erkennen und Erkanntwerden im tiefsten Wesen hat immer zeugende Wirkung. Es ist das Erkennen von Selbst zu Selbst, das stets größte Folgen für beide Teile nach sich zieht.

Simon erkennt in Jesus den Christus, Jesus in Simon den Petrus. Beiden geht das Ewige und Überpersönliche im Anderen auf. Gleichzeitig sind beide im Doppelaspekt ihrer Ganzheit geweckt, hervorgerufen und erkannt. Wie schwierig nun für Simon-Petrus, das Göttliche mit dem Menschlichen in eins zu bringen! Welcher Zusammenprall von Verstand und Eingebung! Wie wird Petrus das bewältigen? – Aber auch Jesus ist zutiefst betroffen, anders wäre seine sich überstürzende Reaktion nicht zu verstehen. Alles traut er Simon-Petrus nun zu: Fels, Kirche und Schlüssel soll er sein.

Simon Petrus erkennt in Jesus den Christus, den Sohn des lebendigen Gottes, oder, wie ich sagen möchte, das Prinzip des Lebendigen. – Erinnern wir uns. Gemäß Schöpfungsgeschichte erkennt Adam seine Gefährtin Eva und diese ihn. Deshalb war ihre Begegnung so folgenreich. Und Eva wird fortan Mutter des Lebens genannt.

C.G. Jung drückt dieses Phänomen so aus: »Letzten Endes muss jede echte Begegnung zweier Menschen als ein Mysterium conjunctionis aufgefasst werden.

Das lebendige Geheimnis – oder das Geheimnis der Lebendigkeit – (wie ich hinzufüge) ist immer zwischen Zweien verborgen, und es ist das wahre Mysterium, das Worte nicht verraten und Argumente nicht erschöpfen können« (Brief vom 12. August 1960).

Petrus, der Fels

Wir werden nun nach der Symbolik des Steines und des Schlüssels fragen. Ist bei dem Auftrag, Fels zu sein, wirklich nur die Standhaftigkeit des Petrus gemeint, oder geht es um mehr? Und in welcher Weise wird Petrus uns zur Schlüsselfigur?

Lassen wir uns erst einige Assoziationen zum Wort »Fels« einfallen.[12] Sie könnten etwa lauten: hart, grau, mächtig, hoch, wild, dauernd, erhaben, unnahbar, beängstigend und vieles andere mehr. Wir spüren im Stein etwas von der geballten Kraft, die ihn in Jahrtausenden geformt hat, und ahnen Numinoses in den ihn zeichnenden Spuren der Ewigkeit.

Könnte ich alle Stellen des Alten Testaments zitieren, in denen vom Felsen oder Stein die Rede ist, so ergäbe sich von selbst die ganze Bedeutungsskala dieses Symbols.

Wir greifen hier nur einiges heraus aus den alten Vorstellungen, das uns zum Verständnis, aber auch zur Ausweitung des Begriffs »Fels« im vorliegenden Zusammenhang dient:

Eine dieser Vorstellungen war, dass Meteoriten aus dem geschlossenen Himmelsgewölbe brechen und dort, wo sie fehlten, eine kleine Öffnung und Pforte entsteht. Man fasste dies als gütige Selbstoffenbarung Gottes auf. Ein kleiner Zugang zu Gott war geschaffen. Der Stein wurde zur Verbindung zwischen Himmel und Erde. Möglicherweise spielt diese Idee in die Vorstellungen rund um Petrus hinein: Der Stein, der plötzlich gesetzt ist, und die Himmelspforte, die gehütet werden muss.

Eine andere Vorstellung betrifft den Fels als Mittelpunkt des religiösen Weltbildes des Volkes Israel: Als Fels und hoher Berg ragte die Erde aus der Urflut: »Einen Stein warf der Heilige, gepriesen sei Er, ins Meer. Von ihm aus wurde die Welt gegründet; denn es ist gesagt: Worauf sind der Erde Fundamente eingesenkt, oder wer hat ihren Schlussstein gesetzt? Was tat der Heilige? Gepriesen sei Er! Mit seinem rechten Fuß senkte er den Stein bis zu den Tiefen der Urflut und machte ihn zum Schlussstein für die Welt, wie ein Mensch, der einen Schlussstein in ein Gewölbe einsetzt. Deshalb ist dort der Nabel der Erde und von dort wurde die ganze Welt ausgebreitet und auf ihm steht das Tempelhaus.«

Ähnlich Jesaja 28,16: »Darum spricht der Herr: Ich lege in Sion einen Stein, einen kostbaren, grundlegenden Stein. Wer glaubt, wird nicht zuschanden...«

Einen etwas anderen Aspekt vernehmen wir bei Jesaja 8,13-14: »Dem Herrn der Heerscharen, haltet ihn heilig... Er wird zum Heiligtum und zum Stein des Anstoßes, zum Fels des Strauchelns.«

Noch eine andere, eine liebenswerte Vorstellung finden wir in einer Legende, wonach der Fels das Volk Israel auf seiner Wüstenwanderung begleitet habe. Man dachte ihn sich als kleinen Stein, den Miriam, die Schwester des Moses, bei sich trug.

Diese wenigen ausgewählten Passagen zeigen deutlich, dass Jesus an altes jüdisches Kultur- und Gedankengut anknüpfte, als Er Petrus zum Felsen erkor. Damit mutete Er ihm allerdings einiges zu, geht es doch beim Felsen um nichts Geringeres als um den Urgrund und den Anfang einer neuen Welt. Dem Bilde folgend wäre in Petrus der Anfang einer neuen Ära und wohl auch die Erneuerung des Bildes vom Menschen gemeint.

Petrus wird zum geistigen Stammvater ähnlich dem Stammvater Abraham, welcher bereits vor Petrus als »Fels der Welt« verstanden und bezeichnet wurde. Bei Jesaja steht[13]: »Siehe, ich habe einen Felsen gefunden, auf den ich die Welt bauen kann. Deshalb nannte er Abraham einen Felsen ...«

Historisch gesehen ist Petrus Schluss- und Anfangsstein an jener Stelle, wo die Welten des Alten und des Neuen Testamentes aneinander schließen. Auf der geistigen und psychologischen Ebene wäre er dort angesiedelt, wo Jenseitiges und Diesseitiges, Objektives und Subjektives sich berühren. An dieser

Stelle öffnet oder schließt er die Pforte des Überganges.

Als Mark- und Stolperstein steht Petrus im Span-
nungsfeld zwischen Göttlichem und Menschlichem.
Er hat diese Gegensätze zu verbinden und das
Dazwischen-Sein zu erleiden. Ich erinnere an den
Doppelaspekt seines Namens!

Wenn Petrus Fels sein soll, dann sicher in gleicher
Weise wie Jesus selber. Beide sind sie Personifika-
tionen jener Steine, die uns das Schicksal, Einhalt
gebietend und zur Auseinandersetzung zwingend,
in den Weg legt, um uns dadurch auf die eigene
Spur zu bringen.

Eine weitere Vorstellung sei noch erwähnt: Dass
wir selber uns als lebendige Steine zu einem geist-
lichen Haus und Tempel Gottes aufbauen lassen
sollen (1. Petrus 2,4 u.a.).

Dass der Stein als Kostbarkeit und als Bild des
Selbst in uns selber sein kann, meint wohl der
folgende Gedanke aus der Johannes-Apokalypse:
»Wer überwindet, dem will ich von dem verborgenen Manna geben und will ihm einen weißen Stein
geben und auf dem Stein geschrieben einen neuen
Namen, den niemand kennt, als wer ihn empfängt«.
Nicht zu vergessen ist, dass der Stein auch stets
mit dem strömenden Wasser, dem Lebensquell, in
Verbindung gebracht wird. Ja, er selber wandelt
sich zur Quelle und zum Fluss.

Der Wasser aus dem Felsen schlagende Mose wird zum entsprechenden Urbild, und über Petrus berichten die Apokryphen, er habe für seine dürstenden Mitgefangenen Wasser aus den Gefängnismauern hervorfließen lassen (psychologisch betrachtet ein interessantes Bild!). Auf einem solchermaßen mit dem »Leben« und den ewigen Quellen verbundenen Stein wollte Jesus seine Kirche gründen.

Was aber hat Er wohl unter »Kirche« verstanden?

Petrus, der Schlüssel

Reden wir noch über die Bedeutung des Schlüssels, der Petrus anvertraut ist! Es geht übrigens um mehr als irgendeinen Schlüssel der Realität. Wer einen Schlüssel besitzt, kann öffnen und schließen. Das heißt, er übt eine Macht aus, die nicht jeder hat. Finden wir den Schlüssel zu einer Sache, so können wir in diese eindringen, finden die Lösung zu einer Aufgabe, zu neuer Erkenntnis. Der Schlüssel gewährt Eingang, Durchgang, Ausgang: Er verbindet zwei Welten, zwei Phasen, zwei Menschen. Er ist Attribut des Meisters, der Aufschluss weiß, des Türhüters, der Eintritt erlaubt oder verbietet, des Nachtwächters, der zusperrt, was nicht offen stehen soll.

Der Schlüssel greift fugenlos ins Schloss und weist so auch auf die geschlechtliche Vereinigung und Zeugung hin.

Ich meine, im Schlüssel sei auch symbolisch dargestellt, was in der Begegnung zwischen Jesus und Petrus seelisch stattfindet: Das Leben bewirkende, konstellierende Ineinanderfallen zweier sich ergänzender Menschen, gleichzeitig die dadurch ermöglichte eigene innere Gegensatzvereinigung beider:

»... sozusagen eine Begattung auf gehobener Stufe...« (C.G. Jung). Pikanterweise ist im Aramäi-
schen der »Fels« ein Femininum: »Kepa«. Man
könnte daraus folgern, dass – bildlich gesprochen
– Jesus sich im »Fels« der Erde, der Materia
vereinigt, das meint Inkarnation ja auch.

Petrus ist Mit-Zeuge dieses geistigen Geschehens.
Wie Johannes der Täufer in seiner Person einst
kündende »Stimme« war, so wird Petrus fortan in
seiner Person »Schlüssel« sein.

Vom Binden und Lösen

In meiner reformierten Kirche wird nicht gebeichtet, wohl aber haben wir jederzeit die Möglichkeit eines persönlichen Gesprächs mit dem Seelsorger. Zudem genoss ich nie eine kirchliche Erziehung. Zum Gottesdienst ging ich erst im Alter von 20 Jahren. Aus diesen Gründen war mein Sündenbewusstsein wohl weniger ausgeprägt, mein Wunsch nach Lossprechen kaum vorhanden. Lud ich mir Schuld und Fehler auf, musste ich selber damit fertig werden. Allerdings hatte ich eine gute Mutter, der ich all meine Nöte erzählen durfte. In diesen Gesprächen geschah viel Klärendes und deshalb auch Lösendes.

Heute – im Gespräch mit anderen Menschen – frage ich mich oft, weshalb der eine Mensch eine befreiende Wirkung auf seine Umgebung hat und der andere nicht. Wir mögen ein Problem, eine Schuld mehreren Freunden gestehen und werden die Schuldgefühle nicht los. Irgendwann, meist ganz zufällig, vielleicht beim Wandern, »beichten« wir wieder jemandem, und siehe da, dieser weiß das erlösende Wort, das uns entlastet und frei macht. Wieso gelang es nun hier?

Ich vermute, es ereignet sich dort, wo jener Andere Schuld und Gebundensein aus eigener Erfahrung kennt und solches Leiden selber verarbeitet hat. Er ist fähig, mit Schuld umzugehen und uns, da er zum Mitwisser wird, einen Teil der Last abzunehmen. Die Garne der Verstrickung lockern sich.

Petrus wird im Laufe seiner Entwicklung gut vorbereitet für den Umgang mit Schuld.

Es gibt ungezählte Arten der Verstrickung und des Gebundenseins. Sie brauchen nicht immer schuldhaft zu sein. Aber meist bringen sie uns in ebenso tiefe Nöte wie diese schuldhaften Verstrickungen, denn all unsere Energien sind an die Bewältigung des betreffenden Problems gebunden; wir verlieren unsere Handlungsfreiheit.

Oft hilft all unser Flehen um Lösung nicht. Doch kann geschehen, dass wir einsichtig werden, dass uns aufgeht, dass in dem nicht zu lösenden Knoten ein großer, geheimer Wert verborgen liegt. Wenn wir diesen endlich entdecken, tritt die Erlösung von selber ein. Diese Erlösung kann so befreiend wirken, dass wir sie als von Gott gesandt empfinden.

Viele Fixierungen, sei es an eine Aufgabe, an ein Problem, an einen Schicksalsschlag, an eine Berufung, an einen Menschen, lösen sich nur, indem wir ausharren, auf Gedeih und Verderb das Gebundensein ertragen. Lösung und Erlösung kommen nur mit der Zeit. Auch Faszination bedeutet Gebundensein.

Sich bei einem Menschen entschuldigen, kann erlösend auf uns wirken; die Entschuldigung eines Anderen annehmen, ebenso.

Alles Unerledigte macht uns Schuldgefühle; vor allem unerledigte und unbewältigte Probleme plagen uns, weil wir nicht anpacken, was wir anpacken könnten. Als Konsequenz bleiben alle Gedanken am Problem-Gegenstand hängen, kreisen und kreisen und lassen uns nicht mehr los.

Einen guten Rat geben uns die alten Schriften: »Zu jeder Zeit sollt ihr zum Erlassen und Abbitten der Sünden zusammenkommen; erlasset und erbittet voneinander: Wer nicht erlässt, dem wird auch nicht erlassen.«[14]

Jesus schenkt also Petrus die Macht, mit Problemen von Schuld und Sühne fertig zu werden. An anderer Stelle traut er diese Gabe uns allen zu. Wir können Menschen selbst durch unser Unwissen binden. Wir müssen aber darauf bedacht sein, sie auch wieder zu lösen. Lösungen finden, bedeutet erlösend wirken.

Ich möchte aber zwischen Schuld unterscheiden, die wir uns selber einbrocken, mit der wir uns selber binden und die wir auch selber tilgen müssen, und jener existentiellen Schuld oder Sünde, die wir unwillentlich und meist unwissentlich begehen, einfach deswegen, weil kein Mensch schuldfrei leben kann. Jeder wird an sich und am Mitmenschen in

irgendeiner Weise schuldig, am tiefsten der, der sich
darüber keine Rechenschaft gibt.

Angesichts dieser großen Schuld hilft mir das Bild
vom »Lamm Gottes«: »Lamm Gottes, das Du trägst
die Sünden der Welt ...« Jemand ist also da, dem
wir die Schuldenlast, die wir zu tragen nicht im-
stande sind, aufbürden dürfen. Wir sollten aber, so
weit wie nur immer möglich, selber daran tragen.
Denn jeder nehme sein Kreuz auf sich. Jesus erhielt
in solcher Situation erstaunlicherweise einen Beistand: Simon von Kyrene, der ihm sein Kreuz tragen
half. – Uns ist Petrus gegeben, der zu binden und
zu lösen weiß.

Als Frau füge ich an:

Maria vom Knoten,
wer hätt' es gedacht,
zum erstenmal heut
warst du mir gebracht.

Maria vom Knoten,
wer horchte nicht drauf,
der Knoten sind viel,
sie gehen nicht auf.

Maria vom Knoten,
wie tröstlich das klingt:
es gibt eine Hand,
die Knoten entschlingt.

Maria vom Knoten,
den Knäuel hier schau,
ich bring' ihn nicht auf,
hilf, heilige Frau!

Maria vom Knoten,
der Knäuel bin ich,
ins Letzte verwirrt,
erbarme Dich.[15]

Petrus an der Himmelspforte

Wie kam es eigentlich zu den volkstümlichen Vorstellungen, die Petrus, versehen mit einem dicken Schlüsselbund, vor der Himmelstüre zeichnen? Und woher stammt die Auffassung, dass er es sei, der dort bestimme, wem Einlass gewährt wird und wem nicht? Bei der Suche nach einer Antwort auf diese Fragen, stößt man unversehens auf ein ganzes Bündel alter Vorstellungen (neben den Motiven vom Schlüssel und vom Binden und Lösen, die wir eben bedachten). Als treibende Kraft dahinter steht wohl die ewige Sehnsucht des Menschen nach dem verlorenen Paradiese.

Wie immer man sich das Paradies denken mag, so wird es doch meistens als ein Ort der Ruhe, der Geborgenheit, der Fülle und des Friedens gesehen. Mir selber gefällt das biblische Bild des gegen die karge Wüste abgegrenzten, umhegten und gepflegten Gartens voller Blumen und Früchte. Die christlichen Auffassungen siedeln das Paradies in einem Jenseits oder im Himmel an. Dorthin möchte jeder den Weg finden. Aber wie und in welche Richtung? Alte Weltbilder kreisen um die Idee, dass, wo Himmel und Erde sich berühren, eine Öffnung zum

Himmel sein müsse. Wer nur weit genug ginge ins ferne Land, ans Ende der Welt, zum Horizont hin, der würde den Eingang schon finden. Vielleicht – so heißt es – war dort ein Stein aus dem Himmelsdom gebrochen und hatte Gott selber dem Menschen einen Durchschlupf bereitet, einen kleinen Zugang zu seinem himmlischen Haus.

An dieser Grenze zwischen den Welten dachte man sich Petrus als Türhüter. Mit seinem Namen »Fels« erinnert er – wir haben darauf hingewiesen – an den Stein, der ursprünglich aus dieser Öffnung fiel, vielmehr diese erschuf. Viele Religionen kennen Wächter an heiligen Toren. Wir wissen von ihnen aus Kunst und Archäologie. Sie wachen in den verschiedensten Gestalten. Es können Löwen, beflügelte Wesen, bizarre Figuren aller Art sein. Der römische Gott Janus war ein solcher Torwächter. Er stand an den Stadt-Toren Roms. Mit seinen zwei Gesichtern blickte er zum Tor hinaus und in die Stadt hinein. So nahm er gleichzeitig zwei Bereiche wahr.

Petrus ist ihm etwas verwandt: Muss doch auch er stets zwei Bereiche in Betracht ziehen und sie miteinander in Einklang bringen. Verbindet Janus das Stadtinnere mit der Stadtumgebung, so verbindet Petrus das innere Erleben mit dem äußeren, das Praktische mit dem Ideellen, das irdisch Menschliche mit dem jenseitig Göttlichen.

Das Stadt-Tor kann ein sprechendes Bild für die Paradiesespforte sein. Es sammelt sich dort Leben wie in einem Kristallisationspunkt. Stadt-Tore markieren aber auch Schwellen und Grenzen, die gegen fremde Eindringlinge geschützt werden müssen. Hier wird die Vertrauenswürdigkeit der Einlassbegehrenden geprüft oder werden jene verabschiedet, die nicht mehr in der Stadt wohnen wollen oder dürfen. Bis auf den heutigen Tag finden Grenzkontrollen statt. Und oft ergeht es dem Reisenden wie den Missetätern vor der Himmelstür, die vom Feuerengel abgewiesen werden.

Grenzregionen sind immer geprägt vom Hüben und Drüben, vom Drinnen und Draußen, vom Eigenen und Fremden. In Mythen und Märchen sind diese Bereiche – am Dorfrand, am Kreuzweg gelegen – besiedelt von Geistern zwielichtiger Art. Hier ist bei Nacht nicht gut sein. Der Wanderer fühlt sich bedroht.

In jedem Leben, so auch im geistig-seelischen Bereich, gibt es solche Randzonen mit ihren bedrohlichen Übergängen. Jeder Mensch kann an seine Grenze stoßen; z.B. an die Grenze der Belastbarkeit. Manche suchen die Grenze selber, sei es im Rausch, in der Grenzerweiterung oder -überschreitung. Sportler wollen bis an ihre physische Grenze gehen. Grenzbereiche und Grenzerlebnisse sind schillernd, verführerisch und bedrohlich in einem. Wir reden von Grenzfällen und Grenzgängern wenn ein Mensch sich an der Grenze befindet oder die Grenze nicht mehr sicher einzuhalten weiß. Allen Grenzerfahrungen haftet etwas Unheimliches und Unberechenbares an. So brauchte es denn schon immer Schwellenhüter jeder Art (unter vielen andern waren dies auch Ärzte, Meister, Priester). Alle wehren sie der gefährlichen Grenzüberschreitung. Nicht jedes Tor führt in das Licht, die Erleuchtung oder einen Himmel. Da sind auch mancherlei Höllenpforten, die uns mit ihrem dunkeln Sog zu verschlingen drohen, wenn sie nicht bewacht oder vom Betroffenen selber sorgfältig beobachtet werden.

Tore, Schwellen, Grenzen deuten Übergänge an, bedeuten Verlassen des Alten und Wagen des Neuen.

In diesem Gedanken-Umkreis siedle ich die Gestalt des Petrus als Torwächter an. Wie Johannes der Vorläufer ein Hüter und Mahner an der Schwelle zwischen gewesener und kommender Welt war, so sehe ich Petrus am Übergang, am Tor zu einem neuen Leben, zu neuer Lebensgestaltung und neuer Lebensauffassung.

Er besitzt die Schlüssel, wird zur Schlüsselfigur, die uns den Zugang zu einer veränderten Lebenseinstellung öffnen kann, so wie er uns Verständnis für die uralten und zugleich so modernen Lehren Jesu weckt. Diese neue Ordnung, als »Reich Gottes« bezeichnet, weil sie so sinnvoll ist, soll uns immer noch und stets wieder bevorstehen, sie ist nie fertig, ist immer wieder neu und aufregend und wartet vor der Tür. Vor welcher? Vor unserer eigenen. Jesus bezeichnet sich als Türe, durch die der Mensch hindurchgehen müsse. Er sagt, er sei die Zugang gewährende Öffnung zum Reiche Gottes; in meinem Verständnis, zu einer paradiesähnlichen Grundordnung. Wann und in welcher Stimmung haben wir uns in einer solchen Ordnung erlebt? Wie im Paradies, gehegt, gepflegt und fruchtbar.

Jesus warnt, die Pforte sei eng und der Weg einsam, der zu dieser neuen Lebensepoche führe; vielleicht so eng wie ein Schlüsselloch, in das der Eintretende wie ein Schlüssel passen muss. Nur wer sich als Ganzer einbringt, wird die Tür öffnen. Immer wenn ein Mensch seinen Platz im Leben gefunden hat, den Platz, den nur er und sonst kein anderer ausfüllen kann, dann erahnen wir die »enge Pforte«, das glückhafte Zu-sich-selbst-Finden und den damit verbundenen Einklang mit dem Ganzen, der Weltordnung, den Ordnungen Gottes oder des Schicksals.

Wenn ich Jesus als »Türe« verstehe, dann denke ich nicht so sehr an den historischen Menschen Jesus, sondern dann schaue ich ihn als Typus des Grundmenschlichen und als Bild des Menschseins.

71

Apostolisches Wirken soll dem Öffnen einer Türe gleichen, heißt es, und die zwölf Tore des Himmlischen Jerusalem seien eine Versinnbildlichung der zwölf Apostel.[16]

Wir haben allen Grund, die Aufgabe des Petrus als Hüter der Himmelstüre intensiv zu bedenken. Denn die Himmelspforte meint immer den Zugang zu Heil und Frieden. Sie verbildlicht den Zugang zum inneren Frieden, der so wichtig ist wie die Weihe und die Öffnung der Kirchenpforten. Ihr Öffnen zeigt an, dass das Paradies nun wieder gefunden und zugänglich ist. Wer seine innere Ordnung findet, kommt zur Ruhe, wird friedlicher und fühlt sich gesunder, heiler. Wie im Paradies eben.

In den Vorstellungskreis Petrus am Himmelstor gehört auch Petrus als Verantwortlicher für Wetter. Weshalb aber wurde Petrus auch zum Wettermacher? Und warum besingen eigentlich nur Legenden und Kinderlieder den heiligen Petrus? Hinter vorgehaltener Hand sei es gesagt: Weil Petrus auch einiges von den Donner- und Vegatationsgottheiten geerbt hat. Und: Kinder lieben geheimnisvolle Türen. Sie wissen, dass dahinter immer etwas wichtiges verborgen ist.

Gerade die Legendenbildung um Petrus zeigt, dass er nicht auf eine bestimmte Person einzuengen ist, sondern dass er darüber hinaus eine ewige Figur,

ein Urbild, und als solche historisch schwer einzu-
kreisen ist. Lassen wir ihm diese bunten Aspekte
bis hin zum liebenswerten »Bummelpetrus« aus
einem alten Schlager. Denn das Bummeln rührt
letztlich doch von seinem bewegten Leben und
seinem steten Unterwegssein mit dem Meister her,
das ihn so viel Wissenswertes gelehrt hat. Das
Bunte, das ihm anhaftet, ist es ja, was uns Petrus
so sympathisch macht. –

Gibt es über Paulus eigentlich auch Kinderlieder?

Was war mit »Kirche« gemeint?

Die theologischen Fachleute sind bis heute zu keiner einheitlichen Auffassung darüber gekommen, was Jesus mit »Kirche« genau gemeint hat. So schreibt der Protestant O. Cullmann: »Es ist nicht erlaubt, unter Kirche auch gleich › organisierte Kirche‹ zu verstehen, da dies einer viel späteren Auffassung entspricht.« Cullmann schlägt als nächstliegende Parallele den Begriff »Volk Gottes« vor. Er teilt mit, dass das griechische Wort für »Kirche« »eccles'a« die Übersetzung des hebräischen und alttestamentlichen Begriffs »Volk Gottes« sei. In den Evangelien kommt das Wort »ecclesía« nur dieses einzige Mal vor, und zwar an der Stelle, die uns gerade beschäftigt (Matthäus 16,13-20). Die übrigen neutestamentlichen Schriften reden eher von von *Gemeinde*. In der Septuaginta, der griechischen Übersetzung des Alten Testamentes, erscheint »ecclesía« gegen hundert Mal.

Das Volk Gottes, hebräisch »Qahal Jahwe«, soll ein Volk sein, das Jahwe gehört, das sein Eigentum ist. Und Jahwe heißt: Ich bin, der ich bin; wobei er als ein sich stets neu Erweisender, als ein immer werdender Gott verstanden wird. In diesem »Immer-Werden« verbirgt sich, wie ich meine, ein außerordentlich dynamisches Prinzip. Es liegt nahe, in Jahwe einen »lebendigen Gott« zu sehen und die, die ihm anhängen, als solche, die von dieser Lebendigkeit geprägt und erfüllt sind (Jesus: »... ihr kennt die Schrift nicht ..., ihr irrt ..., denn Er ist nicht ein Gott der Toten, sondern der Lebendigen ...« Markus, 12,27).

Es drängt sich mir immer der Bienenschwarm als Assoziation auf, wenn ich nach einem Bild für das »Volk Gottes«, so wie ich es mir vorstelle, suche. Dieses summende, brummende Etwas, das nicht sein kann ohne seine Königin und das unbedingte Ihr-Anhängen wird mir zum Bild für die Intensität der Gottesbeziehung eines »Volkes Gottes«.

Im Ausdruck »ecclesía« ist das Wort »rufen« (griechisch: »kaléo«) enthalten. Man braucht nicht unbedingt das Berufen-Sein daraus abzulesen. Es könnte doch sein, dass wir alle Zur-Verantwortung-Gerufene sind.

Nun sind wir aber mit Jesus eben nicht mehr im Alten Testament, sondern im Neuen. In seiner Botschaft erscheint der Begriff »ecclesía« nicht weiter. Das sollte uns hellhörig machen für jenen neu auftauchenden für ihn wesentlichen Begriff, des »Reiches Gottes«, des »Reiches der Himmel«, des »Königreiches Gottes«, wobei dieser Begriff mit dem

Zusatz »auf Erden« versehen und charakterisiert ist: »Reich der Himmel auf Erden«.

Mir ist diese Vorstellung eines »Reiches der Himmel auf Erden« wichtig. Gerade für unsere Zeit scheint sie mir hilfreich und zukunftsträchtig. Wie wir wissen, stößt die organisierte und institutionalisierte Kirche heute auf vielerlei Widerstände. So wäre also die Möglichkeit eines losen Verbandes von kleinen, lebendigen, sich vermehrenden Zellen gleichgesinnter, verantwortungsbewusster und innerlich verankerter Menschen eine verlockende Zielvorstellung – uns Heutigen vielleicht adäquater. Nicht nach dem einseitig verklärenden Motto »Tod und Auferstehung« könnte diese Gemeinschaft gestaltet sein, sondern im Blick auf pulsierendes Leben »auf Erden« nach dem Bilde des Netzes mit seinen ungezählten einzelnen Knoten, die wir ja selber sind. Bei näherem Zusehen entpuppt sich als eine solch netzartige Verbindung die »Gemeinschaft der Heiligen«. Man muss nur wissen, dass Heilige der Definition nach solche Menschen sind, die gelernt haben, Gut und Böse zu unterscheiden, d.h., die beides am eigenen Leib erfahren haben. Man lese dazu die Heiligen-Viten mit ihren ausdrucksstarken Bildern!

Jesus knüpft seine Idee vom »Reich Gottes« an die Idee des fortwährenden Werdens. Wir kennen seine Ausdrücke: »Das Reich Gottes steht unmittelbar bevor«, es steht »vor der Tür«, es »liegt bei der Hand«. Dieses sich immer neu bildende Reich erinnert an den sich stets neu erweisenden lebendigen Gott.

Mein Gedankenkreis schließt sich hier wieder an das Bild vom Netz an, das ich verstand als Bild einer die Welt und uns selber durchwaltenden Ordnung, als Bild bestimmter vorgegebener Grundmuster und Zusammenhänge. Ich sehe uns als Mitknüpfer an dieser Ordnung und an diesem flexiblen Netz. Ich hoffe so gerne, dass alle den Knotenpunkt wahrnehmen, an den sie gestellt sind, und dass sie ihn verbindlich einnehmen.

»Wie drücke ich mich nur aus, dass ihr versteht, was ich mit dem Reich Gottes auf Erden meine«, sagt Jesus zu seinen Jüngern. In der Tat, wie soll man sich ausdrücken? Jesus beantwortet seine eigene Frage mit geradezu provozierenden Vergleichen. Er behauptet, das von ihm geplante Reich Gottes sei wie ein Samen, ein Korn, eine Perle, ein Mehlgemisch, ein Netz![17] Von einer organisierten Kirche ist keine Rede.

In dieses eigenartige, geistige und doch mit allen konkreten Konsequenzen behaftete Reich setzt Jesus den Simon-Petrus als neuen Gründungsstein: Jenen Petrus, dem das Lebendige, Einmalige und Göttliche in seinem Gegenüber, dem Menschen Jesus, aufgegangen ist.

Ich halte mich an Jesu Auffassung wonach sich das »Reich Gottes« auf Erden verwirklicht. Und für dieses hiesige Reich nennt er uns Ordnungen. Er teilt uns mit, wie dieses Reich möglich wird. Läge es nur in einem Jenseits, wozu brauchten wir dann solche Ordnungen?

Ich werde am Ende unseres Weges mit Petrus noch einmal auf die Frage zurückkommen, was wohl mit Kirche gemeint war.

Wie Apostel reisen

Da Petrus zu jenen zwölf Jüngern gehört, die zum Apostolat bestimmt sind, ist es verlockend, die entsprechenden Textpassagen nachzulesen und sich einige Gedanken über dieses Amt und die dazu gehörigen Erfordernisse zu machen. Wie hat Jesus sich den Auftrag vorgestellt? Ich werde zwei verschiedene Textabschnitte hinzuziehen.

Und er stieg auf den Berg und rief zu sich, welche er wollte, und sie kamen zu ihm. Und er bestimmte zwölf, damit sie um ihn wären und damit er sie aussenden könnte zur Predigt und mit der Macht, die Dämonen auszutreiben; und er bestimmte die Zwölf und legte dem Simon den Namen Petrus bei, und Jakobus, den Sohn des Zebedäus, und Johannes, den Bruder des Jakobus, denen er den Namen Boanerges (das heißt: Donnersöhne) beilegte, und Andreas und Philippus und Bartholomäus und Matthäus und Thomas und Jakob, den Sohn des Alphäus, und Thaddäus und Simon den Kananäer und Judas Ischarioth, den, der ihn verriet. (Markus 3,13-19)

Hier sind die Namen derer aufgezählt, die »er selbst wollte«, so heißt es. Es findet also eine gezielte Selektion statt. Das mag uns passen oder nicht.

Vielleicht orientiert sich Jesus an den Vorschriften zur Wahl eines Hohen Priesters. Dieser soll zwar aus dem Volk gewählt, überdies aber auch von Gott berufen werden![18]

Drei Bedingungen gehören zum Apostolat: Das Austreiben von Dämonen (d.h. eine heilende Wirkung haben), das Übermitteln von Botschaften (Beziehung aufnehmen) und die Gabe der Prophetie (Ahnen des Zeitgeistes).

Vor der Wahl der Apostel betet Jesus in der Einsamkeit. Er scheint zu wissen, welch schwierige Aufgabe er den dazu Verpflichteten zumutet.

Apostel und Jünger unterscheiden sich: Der Jünger ist ein Schüler und Anhänger, der Apostel ein Gesandter und Botschafter. Der Jünger empfängt etwas, der Apostel bringt etwas. Der Jünger folgt nach, der Apostel schwärmt aus.

Die Bezeichnung »Apostel« stammt aus dem Griechischen: »apostellein« = wegsenden, aussenden. Ein Apostel muss also, ganz im Gegensatz zum Jünger, ein eigenständiger, unabhängiger Mensch und kein An-hänger sein. Jesus bestimmt Petrus klar zum Apostel und Botschafter und nicht zum Hirten und Bischof. Ein Fischer eignet sich nicht als Hirte. Jesus wollte keine Herde, sondern selbstbewusste, verpflichtete Menschen.

Über die Gabe der Prophetie, die zum Apostolat gehört, werde ich andernorts schreiben[19] und möchte hier nur darauf hinweisen, dass Gott mit den Propheten »in Träumen und Gesichten« redet: »Und er sprach: Hört meine Worte! Wenn unter euch ein Prophet des Herrn ist, so offenbare ich mich ihm in Gesichten und rede in Träumen mit ihm.«[20] Auch Petrus wurden solche Träume und Visionen zuteil. Vielleicht erhaschen auch wir etwas von jenem tiefen Wissen, wenn wir auf unsere Träume achten. Sicher ist, dass schöpferische Menschen jeder Art in ihren Werken seherisch aussprechen, was »in der Luft« liegt, was der Zeitgeist bringt oder was die Menschen einer Zeitepoche wissen müssen. Wie tätige Vulkane schaffen Künstler aus ihren Tiefen und ihrer Verbindung mit den inner-seelischen Quellen, aus ihrem Eins-Sein mit der Welt das Neue, Kommende heraus, geben ihm sicht-bare Form und Gestalt.

Das griechische Wort für »Prophet« ist stammver-wandt mit dem Wort für »Springbrunnen«. Spring-brunnenartig steigt die Intuition des Künstlers aus seiner Seele und veranlasst ihn zur Gestaltung.

Als Apostel muss Petrus solche Grundbedingungen erfüllen. Er muss, wie dargelegt, Kontakt zu seinem eigenen Wesenskern, dem Selbst, haben. Das Selbst verstehen wir – nach C.G. Jung – als »das Organ, mit welchem wir das Göttliche empfangen«. Dieser innerste Wesenskern ist kraftgeladen, meldet sich spontan und drängt zum Wachstum.[21]

Überdies muss der Apostel fähig sein, die innere und äußere Dimension miteinander zu verbinden und die Spannung dazwischen auszuhalten. Ich glaube, jeder, der Zugang zu seinem inneren Kraftkern hat, ist auch ein Verpflichteter. Wir brauchen nicht unbedingt kirchlich-christliche Verpflichtete zu sein. Es genügt und ist schwer genug, sich selber, seinen Aufgaben und seinem Gott treu zu sein. Es geht um die Unbedingtheit der Einstellung. Eine solche öffnet uns Tore, innere und äußere. Solche Tore soll Petrus mit seinem Schlüssel öffnen.

Die andere Textpassage beschreibt, wie Petrus in die Welt zu ziehen hat:

Und er rief die Zwölf zu sich und fing an, sie je zwei und zwei auszusenden und gab ihnen die Macht über die unreinen Geister. Und er befahl ihnen, sie sollten nichts mit auf den Weg nehmen als nur einen Stab, kein Brot, keine Tasche, kein Geld im Gürtel, sondern Sandalen an den Füßen; und ziehet nicht zwei Röcke an! Und er sprach zu ihnen: »Wo ihr in ein Haus eintretet, da bleibet, bis ihr von dannen weiterzieht! Und wenn ein Ort euch nicht aufnimmt und sie euch nicht anhören, so ziehet von dort weiter und schüttelt den Staub ab, der euch an den Sohlen hängt, ihnen zum Zeugnis.« Da zogen sie aus und predigten, man solle Buße tun, und trieben viele Dämonen aus, salbten viele Kranke mit Öl und heilten sie. (Markus 6,7-12)

Ideale Reisebedingungen haben die Apostel gerade nicht, doch dürfen sie wenigstens jeweils zu zweit reisen. Das wird sie vor Einsamkeit und Verzagen schützen, wenn ihr Weg steinig wird. Sie können sich gegenseitig stärken, anregen, ermuntern und nötigenfalls auch verteidigen. Nur streiten sollten sie, wenn möglich, nicht. Gegenseitige Kritik und Kontrolle ist jedoch sicher hilfreich. Ihr Gespräch wird fruchtbar und nicht nur auf sich selbst bezogen, ihre Botschaft dementsprechend überzeugender sein. Sie werden keine »viri in se incurvati« (in sich hineingekrümmte Männer) sein, sondern aus-gehende Menschen, von sich aus-gehend.

Dass Entwicklungswege, von festen Bindungen getragen, stabiler sind, scheint sich auch hier zu bestätigen. Die Brüder werden die Gemeinschaft brauchen, da sie in größter Armut ausgesendet werden. Ohne Brot werden sie in die Wüste geschickt, nichts zu kauen und nichts zu verdauen! Hungrig und leer werden sie sich sehnen nach einem Gastgeber. Vielleicht wird er sie stärken. Erst dann werden sie – zum Dank – den Wirt mit ihrer Botschaft überraschen.

Mittellos, sind sie ganz auf die Güte ihres Gegenübers angewiesen. Als Hungernde lernen sie, zu hoffen.

Auch wir machen die nötigen Schritte erst dann, wenn wir seelisch arm und hungrig sind. Apostel reisen also als Hoffende und nicht primär als Spendende. Wer frei ist von Ballast, gibt dem andern Menschen Raum. Mit Luther: »Bedler sind wir auff erden, wie Christus auch selbst gewest ist.« Auch ein Gepäckstück ist den Aposteln versagt. Nichts Belastendes sollen sie mit sich schleppen.

Handlungsfreiheit bedarf der freien Hände. Sich nicht auf dem Koffer ausruhen, sich nicht dahinter verstecken, nichts Unnötiges mit sich tragen. Nein, völlig ausgesetzt soll der Apostel sein. Petrus, der wettergehärtete Fischer, wird solchen Bedingungen gerecht werden. Dass er Besitztum hinter sich zu lassen weiß, zeigt er beim reichen Fischfang, den er, kaum hat er ihn an Land gezogen, liegen lässt. Die zu hörende und die zu vermittelnde Botschaft ist ihm wichtiger. Er hört vieles, was andere nicht hören.

Selbst auf Geld müssen die Apostel verzichten. Wie soll das gehen? Nichts können sie sich kaufen, auch Sympathie nicht. Alles müssen sie sich erbitten. Ihre Botschaft muss so packend sein, dass der Andere ihnen freiwillig gibt, was sie benötigen. Wichtig ist aber auch, dass sie in sich selbst die nötige Kraft finden, die sie von innen her speist. Wer von innen genährt wird, kann auf sich vertrauen und in sich selbst ruhen.

Wozu hätten den Aposteln zwei Mäntel gedient, die die Verordnung nun nicht zulässt? Was wäre ihnen diese doppelte Absicherung gewesen? Eine »dicke Haut«? Wären sie mit ihr dann noch berührbar, sensibel geblieben? Würden zwei Mäntel nicht auch Vermummung und zweideutige Haltung bedeuten, wo doch gerade bei ihrer Botschaft eine eindeutige Haltung ausschlaggebend ist?

Haben wir uns Mission so vorgestellt? Was sagen wir zur Rollenverteilung? Welche Rolle würden wir uns für uns selber wünschen? Man ist geradezu erleichtert, zu hören, dass die Apostel einen Stab mit sich nehmen dürfen als Zeichen ihrer Männlichkeit. Er wird ihnen Stütze sein und wird sie führen. Er ist ihr verlängerter Arm, reicht über sie hinaus, macht es möglich, Entfernteres anzustoßen und zu bewegen. Der Stab steht symbolisch auch für die göttliche Führung. Er ist aber auch dem Zauberstab nahe, der verwandelt, belebt oder beseelt. Der Stab stamme vom Baum des Lebens, wollen die Legenden wissen, von daher komme seine belebende Kraft. Und gerade diese Wirkkraft brauchen die Apostel. Petrus hat sie später bei der Wiederbelebung der Tabitha bewiesen.

Es gibt viele verschiedene bedeutungsvolle Stäbe in den alten Schriften: Der Stab Josephs, aus dem eine Taube aufsteigt bei seiner Wahl zum Beschützer Mariens;[22] der Botenstab des Erzengels Gabriel, der Maria die Geburt des göttlichen Kindes ankündigt;[23] der Stab, mit dem Mose für sein dürstendes

Volk Wasser aus dem Felsen schlägt;[24] der Stab Aarons, der aufblüht als Mahnzeichen für die unzufriedenen Menschen und schließlich in der goldenen Bundeslade liegt, neben dem Krug mit Manna und den Bundestafeln:[25] der Stab des Guten Hirten – uns allen wohlbekannt aus Wort und Bild.

Es fällt mir eine Geschichte aus dem Zweiten Weltkrieg ein: Wir befanden uns vorübergehend in einem Ort, in dem soeben ein Internierungslager für die Soldaten einer abgedrängten fremden Armee eingerichtet worden war. Wir besuchten sie, um ihnen kleine Gaben zu bringen. Hinter dem Drahtzaun standen, saßen, lagen eine große Anzahl demoralisierter junger Männer. Zu meinem Erstaunen waren da aber einige, die nicht untätig blieben, sondern konzentriert an Stöcken und Stäben schnitzten. Höchst kunstvoll verzierten sie diese mit allen möglichen Mustern. Manche kerbten neben den Figuren auch ihren Namen ein, als würden sie um ihre Identität ringen. Waren es am ersten Tag nur wenige Soldaten, die einen Stab bearbeiteten, so waren nach zwei Tagen beinahe alle mit einem Stab beschäftigt. Das blieb mir unvergesslich, weil ich nicht verstand, was hier vor sich ging. Was trieb die jungen Männer zu diesem Tun, kaum dass sie ihre Waffen niedergelegt hatten? Heute glaube ich zu verstehen. Auch in Aarons Stab war einst sein Name eingekerbt, aber das konnten die Soldaten nicht wissen.

Dem grünenden Stab Aarons gleich könnten wir alle aufblühen, wenn die Botschaft des Apostels uns erreicht. Sie soll uns ja trösten und neue Möglichkeiten zeigen, ja, sie will uns etwas Beglückendes melden. Die Apostel sollten unseren inneren Menschen wecken, der wir von unserer Anlage her wirklich sind, »den Menschen hinter dem Menschen«, wie es im 1. Petrusbrief 3,4 ausgedrückt ist: »Wertvoll vor Gott ist allein der verborgene innere Mensch mit seinem unveränderlich sanften und stillen Geist.«

Petrus selbst wurde immer wieder geweckt. Erstmals bei seiner Berufung zum Menschenfischer, dann beim Wasserwandel und später durch den Weckruf des Hahnes, als Scham und Reue seine inneren Schleusen öffnete. Vielleicht kann man sagen, etwas in ihm wurde erweckt, so wie in Maria das göttliche Kind durch den Verkündigungsengel erweckt wurde.

Ob Petrus sich bewusst war, weshalb er einen Stab mitnehmen durfte?

Außer dem Stab dürfen Apostel auch Schuhe tragen. Erstaunt dies? Nein, durchaus nicht. Schuhe sind Zeichen des freien Mannes; der Sklave geht barfuß. Petrus, dem Fischer, mag das Barfußgehen vertrauter gewesen sein als das Tragen von Schuhen. Vielleicht stehen sie für neue Erfahrungen? Denn Fuß und Schuh finden sich auch in der Hochzeitssymbolik vieler Völker als Bild der Vereinigung des Gegensätzlichen.

Schuhe bekunden Bereitschaft, Gerüstet- und Geschütztsein. In übertragenem Sinne sprechen Schuhe aber auch vom Standpunkt des Trägers, von seiner Standfestigkeit, seinem Stehvermögen, seinem Erdkontakt, seinen zu unternehmenden Schritten.

In unserm Zusammenhang ist wohl angedeutet, dass ein Apostel in seinen eigenen Schuhen stecken, d.h. ein integrierter Mensch sein muss und mit beiden Füßen auf dem Boden der Wirklichkeit stehen und gehen soll. Solchermaßen wohl geerdet – und nicht mehr im Wasser – wird Petrus seinen steinigen Weg hinter sich bringen. Er wird es mit vielen Steinen zu tun haben, soll er uns doch zu »lebendigen Steinen« für den Aufbau des Hauses Gottes bereiten.

Fuß und Schuh, die sich genau ineinanderfügen, können Bild für eine nahe, sich gegenseitig ergänzende Beziehung sein, wie sie ein Apostel hervorrufen könnte, wenn er sich so vorurteilslos und unbelastet, wie von ihm erwartet, zu einem Menschen begibt.

Wo drückt dich der Schuh? fragen wir einen kummervollen Menschen, wenn wir beispielsweise seine Unzufriedenheit mit sich selber spüren.

Eine andere Geschichte: Eine Missionarin, die lange Jahre in Afrika tätig war, hatte unter anderem die

Schlüsselübergabe an Petrus

Aufgabe, das Neue Testament in eine afrikanische Stammessprache zu übersetzen. Sie schaffte dieses schwierige Unterfangen dank der Mithilfe von zwei eingeborenen Mitarbeitern. Es zeigte sich, dass viele der uns geläufigen Worte und Begriffe in der fremden Sprache fehlten. So musste nach bildhaften Umschreibungen gesucht werden. Bei der Einarbeitung in die fremde Sprache und die so ganz andere Geisteswelt des zu missionierenden Volkes erlebte die Missionarin, wie stark auch sie von der Andersartigkeit des Auf-sie-Zukommenden geprägt und bereichert wurde. Die Übersetzung konnte nicht anders geleistet werden als durch gegenseitiges Einfühlen und Eindringen in die Seele des Anderen. So wird die Befruchtung gegenseitig.

Jede gute Übersetzung muss zum Text passen wie der Schuh zum Fuß. So stelle ich mir die von Jesus gemeinte Aussendung seiner Apostel und deren Wirkung vor.

In der Ostkirche darf Bekehrung nur in der Sprache des jeweilig zu bekehrenden Menschen geleistet werden. Der Missionar muss erst dessen Sprache lernen und sich mit dessen Denkweise und Brauchtum vertraut machen. Ob dies immer so geschah, bleibt zu fragen.

Im weiteren Nachsinnen über das Wirken der Apostel fällt mir auf, wie sehr mich die heute oft gehörte Redewendung aus kirchlichen Kreisen – »Wir müssen die Menschen dort abholen, wo sie sind« – stört. Ein solches Vorgehen hat Jesus nicht angeordnet! Bei ihm ist nicht von Abholen, sondern wenn schon, von Suchen die Rede. Das Suchen des Andern ist immer auch ein »Ihn-zu erkennen-Suchen«, während das bloße Abholen an das immer ungute »Eintreiben in die Hürde« denken lässt. Das verstimmt. Arbeitsweise und Verhalten der Apostel sind anders charakterisiert. Man kann Menschen nicht »abholen« wie ein Stück Fracht. Nein, vielmehr ist die schwierige Aufgabe, bei dem betreffenden Menschen zu verweilen, in seinem Haus, in seinem Denkkreis, in seiner schwierigen Situation, und dies mindestens für Minuten, Stunden oder Tage. Nicht jemanden zu überreden gilt es, sondern sich einzulassen und sich einzustimmen auf die Lage des Anderen. Will der Zusammenklang nicht gelingen, so ist auch das zu respektieren.

Die Anweisungen Jesu sind, wie wir im Text lesen, höchst differenziert und auf den Einzelnen bedacht. Die letzten Linien unseres Textabschnitts zeigen, gewissermaßen als Zusammenfassung, welch unabhängige Haltung Petrus, der ausgesandte Apostel, trotz allen Eingehens auf den Andern und trotz aller Bindung an seine Botschaft bewahren muss. Eingehen ja, jedoch nicht sich verlieren! Da darf auch kein Überreden, kein Feilschen und Handeln, kein unklares Hin und Her stattfinden. Will der Andere nichts von der Botschaft hören, so ist ein stolzes oder demütiges Lassenkönnen angezeigt. Der Apostel muss weiterziehen, auch wenn er keinen Erfolg hat. Etwas bleibt trotzdem zurück: Die Spuren seiner Füße im Sand. Wer weiß, vielleicht werden sie von jemandem entdeckt.

Höre ich heute von Hilfseinsätzen in Ländern der Dritten Welt, so erkenne ich in ihnen wirklich die von Jesus geforderte Art und Weise. Die dichte Beziehung in den Menschen dort der »Apostel«, der Einsatzwilligen, wird in echter Empathie gelebt. Im Laufe der Arbeit entsteht ein gemeinsames Netz zwischen Helfer und Hilfsbedürftigen und gelegentlich vertauschen sich auch die Rollen. Jesu Rat, zu gegebener Zeit wieder loszulassen, dürfte sich auch hier bewähren und vor unguten Verstrickungen bewahren.

Auch Petrus der Fischer, wird Fische, die noch zu klein sind, wieder ins Wasser geworfen haben. So wird er sich auch nicht über Menschen grämen, die sich einstweilen seinem Netz entziehen möchten.

Es gab übrigens auch eine Frau, die ausdrücklich und kirchlich abgesegnet als »Apostelgleiche« anerkannt wurde: Maria Magdalena. Sie missionierte nicht wie die Männer, wird erzählt, sondern anlässlich ihrer Mission überreichte sie jeweils ein rot gefärbtes Ei. Ein erstes Osterei! Bild des Lebenskeimes.

Es lohnt sich, zu überlegen, auf welche Weise und in welcher Geisteshaltung wir selber unsere Herzensanliegen, das, »was uns unbedingt angeht«, übermitteln. Haben wir zu geben oder möchten wir empfangen? Sind wir Fuß oder Schuh? Das muss sich auch Petrus bei seinem Auftrag überlegen.

Dazu passt als ganz praktische Erfahrung aus meiner langjährigen Gruppenarbeit, dass es mehr bringt, Fragen zu stellen, als zu belehren. Welcher Reichtum entfaltet sich, wenn wir dem Anderen Raum und Zeit lassen, sich zu äußern, und ihn nicht durch unseren eigenen Mitteilungsdrang ersticken. Doch gerade in dieser Gefahr steht der erfüllte Mensch.

Jesus hat daher richtiges geahnt, wenn er seinen Aposteln größte Zurückhaltung auferlegte. Und wie entsagungsvoll kann diese Zurückhaltung sein!

Begegnung mit einer Frau

Die Auferweckung der Tabitha

Die hier folgende Erzählung möchte ich mitbe-
denken, obwohl sie nicht, wie die andern Abschnitte,
in den Evangelien sondern in der Apostelgeschichte
steht: Petrus ist unterwegs nach Joppe, wohin man
ihn zu Tabitha, einer Schneiderin, gerufen hat.
Soeben hatte er den gelähmten Aeneas geheilt und
damit großes Aufsehen erregt. Hier nun die Geschichte der Tabitha:

*In Joppe aber war eine Jüngerin mit Namen Tabitha, was
in griechischer Übersetzung »Dorkas« (Gazelle) heißt;
diese war reich an guten Werken und Almosen, die sie
erwies. Es begab sich nun in jenen Tagen, dass sie krank
wurde und starb; und man wusch sie und legte sie in ein
Obergemach. Weil aber Lydda nahe bei Joppe ist, sandten
die Jünger auf die Kunde, dass Petrus dort sei, zwei Männer
zu ihm und ließen ihn bitten: Zögere nicht, zu uns her-
überzukommen! Da machte sich Petrus auf und ging mit
ihnen. Und als er angekommen war, führten sie ihn in das
Obergemach hinauf; und alle Witwen traten zu ihm, weinten
und zeigten ihm alle Unterkleider und Obergewänder, welche
Dorkas gemacht hatte, als sie noch bei ihnen war. Petrus*

aber hieß alle hinausgehen, kniete nieder und betete, und zu der Leiche gewandt sprach er: Tabitha, steh auf! Da öffnete sie ihre Augen, und als sie Petrus sah, setzte sie sich auf. Er aber reichte ihr die Hand und ließ sie aufstehen. Dann rief er die Heiligen und die Witwen und führte sie ihnen lebend zu«. (Apostelgeschichte 9,36-41)

Tabitha ist eine zarte Frau; sie wird auf griechisch Dorkas, die Gazelle, genannt. Dorkas-Gazellen sind besonders zierliche, kleine Gazellen. Ihr Gang ist schnell und graziös. Sie verschwinden so rasch, wie sie auftauchen. Ihre Hörner symbolisieren die Sonnenstrahlen, die, wie die Gazelle, flüchtig über den Felsen huschen, aufleuchten und unvermittelt wieder erlöschen. Genau so jäh und unerwartet waren Leben und Tod der Tabitha.

Von den Augen der Gazelle wird gesagt, dass sie seelenvoll blicken; sie wird deshalb auch die Schönblickende und Schönäugige genannt. Diese scheue, zärtliche, zierliche Anmutung machte Dorkas zu einem beliebten Mädchennamen.

Als Wald- und Steppenwild ist die Gazelle nicht domestiziert; es haftet ihr etwas Freies, Flüchtiges an. Man kann sich Tabitha, die Gazelle, gemäß dieser Charakterisierung, recht attraktiv vorstellen. Ihre Wiedererweckung wird anderer Art sein als die Heilung der Schwiegermutter. Die Geschichte erinnert etwas an das Dornröschenmotiv. In der ganzen Erzählung schwingt eine leise Eroskomponente mit. Es soll die einzige Auferweckung gewesen sein, die Petrus ohne Jesu Beihilfe gelang.

Was ließ Tabitha so urplötzlich ableben? Offenbar hatte sie sich zu viel zugemutet in ihrem Dienst für andere. Sie kannte keine begrenzenden Vorschriften für ihre Tätigkeit, wie die Apostel sie für ihre Arbeit erhielten. So könnte sie sich völlig im Eingehen auf die vielen Witwen, denen sie Kleider nähte, verausgabt haben: Überfordert durch deren Wünsche, Nöte und Tränen, brach sie zusammen.

Für Witwen Kleider nähen, heißt nicht mehr und nicht weniger, als für diese einsamen Frauen ein neues Aussehen zu finden. Kleider machen Leute! Als nun Alleinstehende, Alleinverantwortliche und Gewandelte brauchten die Witwen ein neues Gewand als Ausdruck ihres anderen Status. Das Wort »Witwe« vom lateinischen »vidua« stammt vom Verb »dividere« = trennen. Individuation hat den selben Wortstamm. Daraus ist zu schließen: Aus den »Getrennten« sollen nun »Untrennbare«, d.h. »Individuas«, individuierte Menschen werden. Witwen haben alle Chancen, individuelle Persönlichkeiten zu werden, da sie nun, nicht mehr abhängig von einem Mann, ihr Leben ganzheitlicher ausformen und ihr Leben selbstständiger leben müssen beziehungsweise können.

Tabitha trägt dem Rechnung. Vielleicht war sie nicht nur Schneiderin, sondern darüber hinaus, in ihrer

Weise, auch Seelsorgerin. Sie rüstete ihre Kundinnen für den Weg der neuen Lebensgestaltung und Selbstwerdung aus. Als Seelsorgerin dieser spezifischen Art durfte Tabitha auf keinen Fall sterben. Das sah auch Petrus ein. Das vehemente Eintreten der Witwen für ihre Kameradin veranlasste ihn zu rascher Hilfe. Die leblose Tabitha wurde nun gereinigt und in das Obergemach (terem) gebracht. Dieses Obergemach war nach alter Sitte den Frauen vorbehalten. Nach damaligem Glauben war dies die Stätte, wo sich Gott den Frauen näherte.

Diese Verschiebung der Ebene hebt das ganze Geschehen auf eine höhere Stufe. Sinnbildlich gesprochen, befindet sich Tabitha nun auf der selben Stufe wie die junge Maria, die zum Zeitpunkt ihrer Reife auf der obersten Treppenstufe unter einem Baldachin sitzend dargestellt wird, der Stufe der »Verlobung« mit Gott. So auf der Ikone »Mariä Einführung in den Tempel«.[26] Stufe der »Verlobung« heißt sie, weil Maria nun zu einer verbindlichen Gottesbeziehung herangereift ist. Im orthodoxen Menschenbild nennt diese Stufe sich Stufe des »Pneuma«, der Vergeistigung, des Geisterfülltseins, des Gotteserlebnisses.

Nach diesem Urbild erfolgt, was zwischen Petrus und Tabitha geschieht. Ihre Verbindung ist übernatürlicher Art, hat numinose Qualität, folgt einem uralten Mythologem, einem Wunder, das Menschen schon immer erlebt haben: Die Wiederbelebung durch Begegnung. Was machte die Begegnung mit Petrus zu einem derart starken Erlebnis? War es ein heilsamer, emotionaler Schock für beide?

Man stelle sich die Situation des Petrus vor: Da soll er, ohne Zeit zu verlieren, einen Menschen vom Tode auferwecken. Welche Herausforderung! Man empfindet mit ihm den Erwartungsdruck und kann nachfühlen, wie irritiert er ob der lamentierenden und kleiderschwenkenden Frauen gewesen sein muss. Sein Verhalten aber ist eindrücklich. In keiner Weise übt er Macht aus, spricht nicht hehre Worte von oben, sondern kniet, seines bescheidenen Menschseins eingedenk, auf die Erde nieder und betet. Ich darf interpretieren, dass Petrus um sein eigenes inneres Einssein von Leib, Seele und Geist ringt, bevor er das Werk wagt. Aus seiner inneren Sammlung heraus, durch das Sich-ganz-ins-Spiel-Bringen, ruft er Tabitha hervor, in doppeltem Sinne. Er ruft sie aus dem Todesschlummer und ruft sie bei ihrem Namen, ruft sie zu sich selbst und zu ihrem eigentlichen Wesen. Mich erinnert dies an den Gedanken einer Musikerin: »Der Künstler muss in jedem Ton, den er spielt, ganz präsent sein, sonst erweckt er im Hörer kein Echo«. Genau dies, meine ich, gelingt Petrus. Es ist das totale Zugegensein, das jedem Menschen zu wünschen wäre, der seinem Mitmenschen heilend und prägend gegenüber stehen will. »Die Persönlichkeit des Kranken fordert die Persönlichkeit des Arztes auf den Plan und nicht technische Kunstgriffe.«[27]

Begegnungen sind immer dann besonders beglückend, wenn beide Gesprächspartner sich ganz einbringen.

Als Zeuge zeugend wirken soll Petrus in der Begegnung mit Tabitha. Er zeugt und bewirkt neue Belebung. Das gehört zu seinem Amt. »Steh auf Tabitha«, ruft er der Schlummernden zu, so wie Gott einst zum Propheten sprach: »Mensch steh auf, ich will mit dir reden!«[28] Wer aufsteht, dessen Gesichtsfeld und Perspektive weiten und verändern sich. Neuer Überblick wird möglich. Andere Aussicht tut sich auf. Der Aufrechtstehende stellt sich neu in die Verbindung zwischen Oben und Unten und stellt sich auch seinem Gegenüber. Meistens stellt er sich dann auch der Verantwortung.

Tabithas Kraft reicht erst zum Sitzen. Petrus fasst sie bei der Hand, bietet seine Hand, lässt sie handlungsfähig werden. Das gegenseitige Ergreifen der Hände zeigt im Bild, was seelisch vor sich geht.

Man spüre in Gedanken einen Augenblick lang wie Hände ineinandergreifen, sich ineinander fügen und wieviel Kraft sich dabei geheimnisvoll überträgt. Ein Bild der Fügung. Hände sprechen Bände, ist man versucht zu sagen.

Petrus sieht sich nun der wachen, »schönblickenden« Tabitha gegenüber. Vielleicht blickt ihn aus ihr seine eigene, einst verachtete weibliche Seelenhälfte an. Welch ein Gewahrwerden! Wer kennt nicht solche Augen-Blicke aus eigener Erfahrung? Ähnliches Wohlgefühl erleben wir, wenn unsere weiblichen und männlichen Seelenanteile endlich in ein schwebendes Gleichgewicht geraten. Vielleicht war Petrus selbst erstaunt über seine Wirkung und sein Vermögen.

Das Staunen finden wir bei der Darstellung Jesu Christi auf einer Ikone »Mariä Entschlafung« (Maria Himmelfahrt).[29] Jesus muss auf diesem Bild die Seele seiner Mutter in Empfang nehmen. Mit erstauntem Blick trägt er sie, wie ein Kind, auf seinem Arm, zum Himmel. Assumptio Mariä – Annahme Mariens: Es ist Christi erste Erlösungstat, die Annahme und Assimilierung aller weiblichen Werte durch Annahme seiner Mutter. Und dies mit Seele und Leib, wie es Ikone und letztes Mariendogma formulieren.

Petrus und Tabitha reihe ich sinnentsprechend in diesesParadigma ein. Petrus macht eine ganz tiefe Erfahrung und löst eine schwierige Aufgabe, die zu lösen unverzichtbar für seinen Lebensweg und sein Apostelamt ist.

Doch die Geschichte dieses wunderbaren Gelingens hat ein Nachspiel. Denn unmittelbar danach spricht Gott in einer Vision zu Petrus, als wolle er ihn vor

Überheblichkeit und Größenwahn bewahren. In der Vision (Apostelgeschichte 10,9-16) senkt sich ein Tuch voller reiner und unreiner Tiere vom Himmel herab. Petrus soll sie nicht nur schlachten, sondern auch essen, sich einverleiben. Er mag nicht, ihn ekelt. Obwohl wir diese Episode hier nicht weiter verfolgen können, so erinnert sie uns doch daran, dass alles Lichte und Schöne auch seinen befremdlichen, schattenhaften Hintergrund hat, der mit in Betracht gezogen werden muss.

Ist es erlaubt, in dieser Vision mit ihrer spezifischen Aufforderung eine gewisse Ähnlichkeit zur Versuchung Jesu in der Wüste, unmittelbar nach der Taufe, zu entdecken? Dort wie hier gilt es zu unterscheiden zwischen Reinem und Unreinem, zwischen Gutem und Bösem. Was ist zu meiden, was anzuerkennen? – Auch Jesus steht vor befremdlichen Herausforderungen. Tief folgt auf Hoch, scheint eine Folgerung der Geschichte. Das geistige Erlebnis, das Hochgefühl der Befähigung ist nicht zu haben und nicht zu bewältigen ohne die demütige Anerkennung der widerläufigen Mächte. Sie holen den Erwählten in die Wirklichkeit zurück. Petrus ist ein Mensch mit ambivalenter Gotteserfahrung; er muss damit leben.

Vernetztes Denken sei der Frauen Art, heißt es. Darum will ich noch eine weitere Masche am hier gefertigten Gedankennetz knüpfen! Auf einem alten

russischen Fresko wird der die Tabitha auferwe-
ckende Petrus schwebend dargestellt. Wie der Verkündigungsengel im »unvollendeten Schritt« in Mariens Spinnstube einbricht, so tritt Petrus schwebend in Tabithas »Obergemach« und in ihr Leben
ein. In subtiler Weise klingt hier Verkündigung mit
an. Und auch dies: Neben dem Auferweckungsbild
zeigt dieses Fresko die Befreiung des Petrus aus
der Kerkerhaft. Wie Tabitha von Petrus, so wird
er nun seinerseits vom Engel geweckt und befreit.
Die formale Nähe der beiden Darstellungen legt
uns nahe, dass der Malermönch dieses Freskos die
Befreiung des Petrus als geistiges Simultangeschehen zu Tabithas Auferweckung verstand. Zwischen
den zwei Darstellungen senken sich die erwähnten
unreinen Tiere von oben herab, auch sie vom Himmel gesandt, auch sie offensichtlich mit ins Bild-
ganze gehörend. Sie repräsentieren jene Begleitum-
stände, die im eigenen Leben schwierig »zu schlucken« sind.
Bleibt noch zu überlegen, in welcher Gestalt heute
»Engel« in unser Leben eintreten und uns aufrütteln
und ihre befreiende Wirkung auf uns ausüben.
Womöglich haben sie menschliche Gestalt, wie hier
in dieser Geschichte die Gestalt des Petrus.
Tabitha, nur eine Schneiderin – und schenkt uns
doch, Hand in Hand mit Petrus, eine so tiefsinnige
Geschichte!

Vom Samenraub

Alte Schriften sind für uns Nichteingeweihte oft schwer verständlich. So auch ein Lesestück, das mir in den Kérygmata Petrou[30] begegnete. Dies sind Worte, die unter dem Namen des Petrus erscheinen. In ihnen ist »die beherrschende Größe ... der wahre Prophet, der Träger der göttlichen Offenbarung, der sich seit Anfang der Welt in einer fortdauernden Reihe von wechselnden Gestalten manifestiert. Adam stellt die erste Inkarnation des Propheten dar; er wurde mit dem Öl des Lebensbaumes gesalbt.«[31]

Dem »wahren Propheten« gegenüber stellte man sich als Gefährtin und Ergänzung ein weibliches Wesen vor, das nach Vermögen und Auftrag ebenfalls prophetisch tätig war. Eva soll die erste in der Reihe dieser Prophetinnen gewesen sein. Leider wurden jedoch diese Frauen in allem als minderwertig befunden. Sie folgten den Propheten als dunkle Schatten, gehörten sie doch zur schlechten, weil irdischen Welt. Ihre Prophetie war sündig und zeitgebunden, während die männliche Prophetie als gut und zukunftsweisend galt. Die weibliche Prophetie weiß nur von Weltlichem zu reden, möchte aber dennoch für männlich gehalten werden: »Deshalb stiehlt sie (die Prophetin) die Samen des Männlichen, umhüllt sie mit ihrem fleischlichen Samen und lässt sie als eigene Erzeugnisse, das sind ihre Worte, hervorgehen«.[32] Es folgen im Text dann Beispiele dieser ruchlosen Prophetie und entsprechende Vorwürfe.

Glaube ich auch nicht, dass der Fischer Petrus sich solche Gedanken gemacht hat, so beeindruckt mich dennoch die Idee des Samenraubes als bedeutungsvolles und aktuelles Bild. Was hätte Petrus, angenommen er sei der Autor gewesen, zu einer solchen Klage und Beschuldigung führen können? Was hat ihn ergrimmt? Liegt hier eine geheime Wurzel zu dem bereits angesprochenen öfters zu findenden Verdacht, Petrus sei den Frauen Feind gewesen?[33] Bin ich auch keine Prophetin, so doch eine Tochter Evas, und als solche mache ich mir einige Gedanken: Petrus, du behauptest, Frauen würden dem Manne seinen Samen stehlen und – was dich besonders ärgert – diesen für ihren eigenen ausgeben. Ehrlich: Wer stiehlt da? Spendest du, ein Mann, den Samen nicht mit Freuden? Was meinst du mit dem Vorwurf? Wie kam es dazu, dass du dich beraubt fühltest? Lass mich, als Frau, dir erklären, wie ich deinen Vorwurf auffasse. Als solchen kann ich ihn gar nicht verstehen, denn es handelt sich doch um ein höchst natürliches Geschehen. Haben uns Gott

und die Natur doch so geschaffen: Männliches
zeugt, und Weibliches formt aus. Indem das Weibliche austrägt, gibt es dem Männlichen Sinn und
Gestalt. Ob dich das ärgert, dass nicht du der
Gestaltgebende bist, sondern eben wir aufnahme-
bereiten Frauen, die es verstehen, eine Idee in die
Welt zu setzen, sie Wirklichkeit werden zu lassen?
Wir bemühen uns, dem Gestalt zu verleihen, was
bei euch Männern erst Gedanke, eben Same war.
Im übrigen tragen Frauen auch Samen aus, den sie
von keinem Manne haben, sondern der ihnen vom
Sturmwind des Schöpfers zugetragen wurde. »Weiß
ich doch von keinem Manne«, spricht die Gottes-
gebärerin, als ein Engel ihr kündet, welch eigenar-
tigen Samen sie nun auszutragen und auszuformen
habe. Nach dieser Art stelle ich mir die oben erwähnten Prophetinnen vor.
Glaube mir, Petrus, wir gehören zusammen. Schmä-
he uns Frauen nicht! Du hast zwar Samen, aber
wir sind das geheimnisvolle Gefäß. Was nützte dir
dein Samen, wären da nicht die, die ihn bergen?
Es ist schade, dass du dies als Raub empfindest.
Was du als Untat abtust – unser Empfangen des
Samens –, zeigt doch vielmehr, dass wir das, was
uns zufiel, auch hegen und pflegen wie etwas Eigenes. Hand aufs Herz: Wessen Same ist es letztlich? Ist ein vom Manne gezeugtes Kind wirklich
nur Kind des Vaters? Ist es nicht ebenso, ja noch

mehr, Kind der Mutter? Wer hat mehr Anteil am gemeinsamen Werk? Es ist doch wohl das Werk Beider. Und es ist ein Werk der Liebe. Darum lass deine ungerechten Vorwürfe des Samenraubes! Sei vielmehr froh, dass wir dem Samen nährende Erde bereithalten. Ohne Erde kann der Samen nicht gedeihen. Auch der deine nicht. Beleidige sie nicht, die Erde, die deinem unsichern Fuß Halt gibt! Revidiere deine Ansicht über die Prophetinnen; die Zeit ist längst reif.

Gemäß deiner Kérygmata soll Eva die erste Prophetin gewesen sein. Belebte nicht auch sie die Erde? Und noch etwas, worüber man mit dir in diesem Zusammenhang sprechen sollte: Über den Zölibat. Wie war es denn eigentlich damals, als es mit der Kirche anfing? Du hattest doch Frau und Kind. Du lebtest also in Sünde, wie es später so schön heißt. All deine Mitbrüder scheinen fröhlich in Sünde gelebt zu haben, denn sie nahmen ihre Frauen mit sich, wie man liest. Und Jesus verlangt ausdrücklich: »Lasset die Kindlein zu mir kommen!« Woher stammten denn alle diese Kindlein? Doch wohl aus der sogenannten Sünde! Und ihr alle habt dennoch die Nachfolge Jesu angetreten. Wenigstens sagtet ihr so. Steht im Evangelium eigentlich geschrieben, dass ein Apostel keine Frau und Familie haben dürfe? Und hast du, Petrus, dir genau überlegt, wie du das halten willst in deiner Kirche, deren

Grundstein du selber sein wirst, du Petrus des
Evangeliums? Da musst du noch ins Reine kommen
mit dir und mit einigen anderen. Denn gerade du
sollst deinen Samen ja in die »Mutter« Kirche spenden: In ihrem »Schoß« soll er sich geborgen wissen
und Frucht tragen. Darum mache dein Ohr weit
und bereit und lass dich befruchten von den Samen,
die allfällige, heutige Prophetinnen zu spenden wissen.

Ein Ereignis unterwegs

Zu zweien waren sie unterwegs, die eine Botschaft zu bringen hatten. Das Motiv des Unterwegsseins hat offensichtlich die Volksfrömmigkeit späterer Zeiten stark angesprochen. Volkssagen und Legenden aus den verschiedensten Ländern berichten uns daher über die Wanderungen Jesu mit Petrus.[34] Diese Erzählungen aus dem Volksmund sind teils moralisierend, teils recht derb, immer aber auch witzig und sinnreich. Eine dieser Erzählungen lautet – in Varianten – etwa wie folgt:

Jesus und Petrus wandern miteinander über Land. Bald kommen sie an einem Wirtshaus vorbei, wo eine Hochzeit oder ein anderes Fest gefeiert wird. Lachen, Gesang und frohe Stimmen schallen zu den Wanderern herüber. Petrus hätte nun große Lust, mitzufeiern. Er will Jesus überreden, hier Halt zu machen und den Durst zu löschen. Jesus lehnt ab, Petrus aber will sich das Vergnügen nicht versagen. Gegen den Willen seines Meisters geht er hinein zu der frohen Runde.
Kaum eingetreten, stürzen sich Gäste und Trinkkumpane auf ihn und verlangen, dass er ihnen zum Tanze aufspiele. Gerade recht komme ihnen der Spielmann. Petrus beteuert,

dass er nicht zu musizieren verstehe und dass er kein Spielmann sei. Man glaubt ihm nicht. Alle bedrängen ihn hart und verweisen auf die Fiedel, die er am Arm trägt (oder die Bassgeige auf dem Rücken). Petrus versteht nicht, was sie meinen, ahnt er doch nichts davon, was ihm heimlich angeheftet und auf-gegeben ist. Schließlich artet das Ganze in eine Prügelei aus, weil die Gesellen meinen, Petrus wolle sie narren. Zu seinem Erstaunen stellt er dann fest, dass er tatsächlich eine Geige angehängt (oder aufgemalt) trägt, ja, dass sie ihm angewachsen ist. Jesus hatte sie ihm heimlich dorthin gezaubert. So klärt sich der Wirbel. Das Ende der Geschichte: Petrus kehrt geschunden und geschlagen zu Jesus zurück, der ihm eine Standpredigt hält und »lachte, bis er nicht mehr konnte«.

So der wörtliche Schluss der Erzählung.

Welcher tiefere Sinn wäre dieser skurrilen Ge-schichte abzugewinnen? Befremdet sie nicht nur beim ersten Hinhören?
Spontan kommen mir da die vielen jungen Männer in den Sinn, die heutzutage mit ihren Gitarren unterwegs sind. Überall sieht und hört man sie: auf Straßen, in Kneipen, in Kellern, im eigenen Zimmer. Was steckt hinter der Liebe zur Gitarre, zum Sai-teninstrument? Wer die Gestalt der Gitarre (Geige oder Bassgeige) betrachtet, kann leicht sehen, dass sie große Ähnlichkeit mit dem weiblichen Körper

hat. Eine Gitarre im Arm halten, heißt auch immer
– wenigstens ein bisschen – seine Liebste umfangen.
Man muss ihnen lauschen, den heutigen Spielleuten.
Wie zärtlich ist ihre Zwiesprache mit ihrem Instru-
ment! Von dunkler Schwermut bis zu quirliger
Lebensfreude, vom Scherzlied bis zum religiösen
Gesang, alles kann aus der Gitarre erklingen. Ohne
Worte teilt der Spielmann mit, wie es ihm zumute
ist, all sein Weh und Wollen. Tausendfältig sind
Stimmungen und Empfindungen. Glücklich der
Musikant, der sie in Musik zu gestalten weiß, sein
Erleben so dem Zuhörer mitteilt und in jedem eigene
Töne aufklingen lässt. Man kann sich fragen, ob
die »fahrenden Musikanten« nicht auch, wie einst
Petrus, eine Botschaft bringen. Singen nicht auch
sie von Liebe, Freude, Leben?

Hier möchte ich das »Seil« noch etwas weiter auswerfen, wie ein Bootsführer, der mit sicherem Blick
und geübter Hand seine Seilschlinge über den An-
legepfahl wirft. Aber ach, kein Bootsführer bin ich,
nur eine Maschenstrickerin, die versucht, eine etwas
lockerere Masche ins Netz mit ein zu beziehen, um
mit ihr einen weiteren »Fisch«, ein weiteres Motiv
mit aufzunehmen:

Vor meinen Augen sehe ich nämlich noch einmal
die Ikone »Mariä Entschlafung«, bei uns »Mariä
Himmelfahrt« genannt. Auf diesem Bild ist – wie
erinnerlich – dargestellt, wie Jesus Christus die

Seele seiner Mutter zum Himmel trägt. Als winzig kleine, weiße Gestalt sitzt sie auf seinem Arm, ähnlich – Gott verzeih mir's – dem Saiteninstrument auf dem Arm des Petrus. »Assumptio Mariä«, nicht »Ascensio Mariä« heißt der denkwürdige Festtag: nicht Aufstieg der Frau, sondern Annahme der Mutter. Es ist die erste Erlösungstat Christi. Durch diese Erlösung, durch das Gelingen dieses Werkes, das An-sich-Nehmen seiner Mutter, wird Jesus Christus selbst zum Erlöser, wird zu dem, der Er sein soll, wird ganz Er selbst. So lehrt es die Ostkirche. Genau das legt Jesus dem Petrus für dessen eigene Entwicklung nahe, wenn er ihm die Geige in den Arm legt. Petrus muss das Vorhandensein seiner weiblichen Seite erkennen, diese annehmen und sie zum klingenden Instrument machen.

Wer seine zarteren Saiten nicht schwingen und klingen lässt, der findet auch keinen Widerhall, sondern erregt nur Ärger. Petrus musste dies in der erwähnten Geschichte nur allzu deutlich erfahren. Ihr Jünger Petri, lasst eure Herzen klopfen und eure Gefühle mitschwingen, wenn ihr predigt! Dann wird es wärmer und fröhlicher in euren Kirchen. Lasst diese zu gastlichen, hochzeitlichen Räumen werden, wo Musik ertönt, Kerzen leuchten, Blumen duften und – oh Sünde – vielleicht auch getanzt wird.

Vor allem aber, lasst Frauen an eurer Seite stehen; sie sind Instrumente Gottes mit ihrem ganz eigenen Klang.

Ein Gespräch,
das Petrus betroffen macht

Die Frage nach dem ewigen Leben

Und als er sich auf den Weg machte, lief einer herzu, warf sich vor ihm auf die Knie und fragte ihn: »Guter Meister, was muss ich tun, damit ich das ewige Leben ererbe?« Jesus aber sprach zu ihm: »Was nennst du mich gut? Niemand ist gut außer Gott allein. Du kennst die Gebote: Du sollst nicht töten, du sollst nicht ehebrechen, du sollst nicht stehlen, du sollst nicht falsches Zeugnis reden, du sollst nicht berauben, ehre deinen Vater und deine Mutter«. Er aber sagte zu ihm: »Meister, dies alles habe ich gehalten von meiner Jugend an«. Da blickte ihn Jesus an, gewann ihn lieb und sprach zu ihm: »Eins fehlt dir. Geh hin, verkaufe alles, was du hast, und gib es den Armen, und du wirst einen Schatz im Himmel haben; und komm, folge mir nach!« Er aber wurde traurig über das Wort und ging betrübt hinweg; denn er hatte viele Güter. Und Jesus blickte umher und sprach zu seinen Jüngern: »Wie schwer werden die Begüterten in das Reich Gottes kommen!« Die Jünger aber erstaunten über seine Worte. Da begann Jesus wiederum und sprach zu ihnen: »Kinder, wie schwer ist es, in das Reich Gottes zu kommen! Es ist leichter, dass ein Kamel durch ein Nadelöhr hindurchgeht, als dass ein Reicher in das Reich Gottes kommt«. Sie aber entsetzten sich in hohem Maß und sagten zueinander: Wer kann dann gerettet werden? Jesus blickte sie an und sprach: »Bei den Menschen ist es unmöglich, aber nicht bei Gott; denn bei Gott sind alle Dinge möglich«. Petrus fing an, zu ihm zu sagen: »Siehe, wir haben alles verlassen und sind dir nachgefolgt«. Jesus sprach: »Wahrlich, ich sage euch: Es ist niemand, der Haus oder Brüder oder Schwestern oder Mutter oder Vater oder Kinder oder Äcker um meinetwillen und um des Evangeliums verlassen hat, ohne hundertfach zu empfangen, jetzt in dieser Zeit Häuser und Brüder und Schwestern und Mütter und Kinder und Äcker – unter Verfolgungen – und in der zukünftigen Welt das ewige Leben. Viele aber, welche Erste sind, werden Letzte sein und die Letzten Erste.« (Markus 10,17-31)

Ein harter Text! Leider wird er meist nur unter dem Motto des Reichtums, der zu opfern ist, und des Verlassens aller Güter ausgelegt. Dabei geht die Initialfrage verloren: »Guter Meister, was muss ich tun, um das ewige Leben zu ererben (gewinnen)?« Diese Frage ist Kernpunkt des Gespräches und gleichzeitig roter Faden, welchen die Jünger durch die ganze Diskussion hindurch spinnen. In Luthers Übersetzung begibt sich Jesus gerade auf den Weg, macht sich auf; man darf sich das Gespräch also als einen Gedankenaustausch im Gehen, im Unterwegssein vorstellen.

Petrus am Ölberg

»Herr, was sollen wir – alle – tun, um das ewige Leben zu ererben?« Jesus beantwortet diese Frage mit dem Hinweis auf die Gebote. Überdies soll der Fragende alles verkaufen, was er hat und den Erlös den Armen geben. Diese harte Anforderung bestürzt auch die Jünger. Jesus tröstet sie insoweit, als er ihnen verspricht, bei Gott sei alles möglich, auch die Dinge, die dem Menschen unmöglich erscheinen. Es ist wieder Petrus, der genau wissen will, was er denn zu opfern und allenfalls zu gewinnen habe, wenn er sich auf Jesus und die ihm bevorstehende Aufgabe einlasse. Er ist ja Jesus bereits nachgefolgt, hat Familie und Arbeitsort verlassen. Was soll er denn noch? Jesus zählt alles einzeln auf, was einer zu opfern hat, der das Leben, ja das ewige Leben sucht. So soll er beispielsweise sein Haus verlassen. – Was alles gibt ein solcher Mensch preis? Doch wohl die Geborgenheit, den Schutz der eigenen vier Wände, die Nestwärme. Das Unbehaustsein, der einsame Weg werden sein Teil sein. Er bricht den vertrauten Rahmen. Er löst sich aus den Denkformen und Anschauungen seiner Familie, als wäre es ihm zu eng geworden im bisherigen, jetzt vielleicht überlebten Gehäuse. Lebenshungrig ist er bereit, sein festgefügtes Dasein aufzugeben und es gegen einen unsicheren neuen Weg einzutauschen.
Das Gleichnis vom verlorenen Sohn beispielsweise erzählt uns von einem solchen Schicksalsweg.

Im Verlassen der Geschwister gibt ein Mensch nicht nur Gefühlswerte auf, sondern auch die fruchtbare Auseinandersetzung, den anspornenden Wettbewerb und auch die Fröhlichkeit. Geschwister sind uns ein schützendes Kollektiv; sie haben die gleichen Wurzeln wie wir selber. Es kann weh tun, sich aus ihrem Rahmen zu lösen, denn dies bedeutet gleichzeitig Differenzierung des Einzelnen und Herausschälung der eigenen Persönlichkeit. Der oft daraus folgende Geschwisterzwist ist bekanntlich etwas sehr Bitteres.

In der Aufforderung, Vater und Mutter zu verlassen, widerspricht Jesus scheinbar dem Gebot Vater und Mutter zu ehren. Wie bringen wir beides zusammen? Es geht nie nur darum, uns örtlich zu entfernen, sondern vielmehr darum, dass wir uns eigene neue Lebensnormen erarbeiten und ausfindig machen, was für uns selber wichtig ist. Es kommt die Zeit, ein eigenes Leben aufzubauen, das eigene Netz zu knüpfen. Die neue, nun eigene Weltanschauung kann uns in Widerspruch zu allem, was uns lieb und wert ist, bringen, auch zu den Eltern. Manchem mag es erscheinen, als würde die Nabelschnur ein zweites Mal durchschnitten. Dies bereitet nicht nur Schmerzen, sondern auch Schuldgefühle. Im Interesse der Selbstentwicklung gilt es, diese Nöte auf sich zu nehmen.

Auch unsere Kinder sollten wir verlassen? Nein, so

lange sie klein sind, soll kein Mensch sie verlassen; vielmehr soll er einsehen, dass seine Zeit des Lassens noch bevorsteht. Nur in übertragenem Sinne wäre dann zu interpretieren, dass wir das opfern müssen, worauf wir stolz sind, vielleicht geliebte und gehegte Zukunftshoffnungen, Werke verschiedener Art, Ansätze, die wir zu entwickeln hofften.

Auch die hinter sich zu lassenden Äcker mögen Tätigkeitsfelder sein, die wir lange beackerten und die uns schönste Frucht versprachen. Man erinnere sich, wie Petrus seinen reichen Fischfang liegen ließ, um Jesus zu folgen.

Die Wurzeln aus der angestammten Scholle zu reißen, heißt es nun und in die Fremde zu ziehen. Alles bringt Wehmut und Abschiedsschmerz. Den Acker verlassen, heißt auch ein Stück innerer Natur preiszugeben, vielleicht eine Seite, die als natürliche Anlage in uns lebte, auf die nun zugunsten eines höheren Zieles verzichtet werden muss.

Zum Leben Jesu gehört die Kenosis, die Selbstentäußerung. In der Taufe, im Herabsteigen in die dunklen Tiefen des Jordans, entfernt sich Jesus weitestgehend von seiner göttlichen Herkunft, verzichtet auf sie. Auf Ikonen wird er dabei nackt und ausgemergelt dargestellt, als Zeichen seiner Selbstentfremdung und vorübergehenden Armut.[35]

Dieses Sich-und-anderen-fremd-Werden, dieses seelische Ausgehöhltsein erlebt mancher als große

Niedergeschlagenheit und als Verlust seines bisherigen Seins und Wesens. Es ist ein wirkliches Opfer. Doch vergessen wir nicht: Dieses Opfer geschieht nicht als Selbstzweck, sondern, wie es im gleichen Text heißt »um Christi und des Evangeliums willen«. Es soll uns schließlich dem Lebensprozess in einem weit tieferen Sinne wieder zuführen, ja, uns gar den Zugang zum ewigen Leben öffnen. Ich meine, Petrus habe die Schlüssel auch hierzu.

»Um Christi willen« verstehe ich als das »um unseres göttlichen Keimes willen«. Jeder trägt ja – gemäß Schöpfung – das Bild Gottes wie einen aufkeimenden Samen in sich. Diesem geheimen inneren Kern zuliebe lohnt es sich, viele Reichtümer des Alltags aufzugeben. Meistens opfern wir nicht freiwillig, sondern werden erst von einem Leiden oder einem schwer zu bewältigendem Schicksal dazu gezwungen. Ein neues und hundertfältiges Empfangen von neuen Gütern und Werten und eine Unzahl neuer Begegnungen verspricht Jesus uns dafür. So beispielsweise eine geistige Bereicherung, den Zugang zu anderen Dimensionen, das Erkennen größerer Zusammenhänge, die Erweiterung unseres Horizonts sowie die Belebung und Vermehrung unserer Beziehungen. Dies wird nicht ohne Folgen bleiben: Neue Aufgaben, neuer Erfolg werden zahlreiche, ungeahnte Früchte und Schätze bringen. Leben wir auch nicht mehr im alten »Haus«, so ersteht uns doch ein neuer, festgefügter Rahmen, in dem unser Leben pulsieren kann. Es war Petrus, der die Frage stellte, und es lohnt sich, mit ihm darüber nachzudenken.

Jesus ist der Auffassung, dass, wer immer wieder von Überlebtem loslassen kann, schon hier im irdischen Leben positive Auswirkungen erfahre. Er verschiebt nicht alle Hoffnungen in ein Jenseits, sondern er beginnt hier und jetzt, sie, so gut es geht, zu verwirklichen. Wo und wann beginnt denn das von ihm versprochene ewige Leben? Doch wohl jetzt! Wer es hier nicht findet, sucht es »drüben« vergeblich – meint Jesus.

Er selber gab uns viele sinnreiche Verhaltensregeln, um unserem Leben Form und Halt zu geben. Das Eingebettetsein in ewige und größere Ordnungen lässt unser Leben harmonischer, angenehmer und fruchtbarer werden. Seine Ordnung bezeichnete Jesus als »Reich Gottes auf Erden« oder »Reich der Himmel auf Erden«. Deshalb meine ich, wir sollten versuchen, etwas von diesen Ordnungen hier und jetzt zu erkennen und zu verwirklichen.

Sind wir einst in einem Jenseits, so wird ohnehin ein Größerer für Ordnung sorgen. Ihn müssen wir über nichts belehren. Aber wir selbst sollten uns belehren lassen, und zwar in dem Leben und durch das Leben, das uns gegeben ist.

»Ewiges Leben« beginnt jeden Tag und hat schon längst vor uns begonnen. Wir müssen uns nur mitnehmen lassen. Damit sind wir wieder bei der Eingangsfrage, die Petrus so trauern und zweifeln ließ: »Guter Meister, was soll ich tun, um das ewige Leben zu ererben?«

An anderer Stelle beantwortet Jesus diese Frage mit der Gegenfrage: »Wie lautet das Gesetz?« (Lukas 10,26). Damit veranlasst er den Fragesteller zu eigenem Nachdenken, behandelt ihn als Mündigen und lässt ihn auf eigenen Füßen stehen. Gleichzeitig kann er erspüren, wie weit der Ratsuchende in seinen eigenen Bemühungen, in seinem Reifungsprozess schon gediehen ist.

Wie hilfreich und anregend ist es doch, gefragt zu werden! Die Gesetze, nach denen Jesus fragt, liegen ja auch in uns selbst gegründet; sie schweben nicht im leeren Raum.

Gesetz, das hat mit setzen, sich setzen, siedeln, ansiedeln zu tun. Gesetze sind das, was sich im Laufe der Jahrtausende bewährt, was sich angesiedelt und festgesetzt hat. Darauf kann man bauen. Zu diesem »Gesetz« gehört im vorliegenden Falle auch der gute Rat: »Du sollst den Herrn, deinen Gott, lieben von ganzem Herzen und ganzer Seele, mit all deiner Kraft und deinem ganzen Denken, und deinen Nächsten sollst du lieben wie dich selbst«. Leisten wir diese zielgerichtete, gebündelte

Liebe? Bringen wir diese innere Sammlung auf? Sind wir uns selber so sympathisch? – Oder sind wir traurig wie Petrus, der findet, es werde ihm zu viel abverlangt auf dem Lebensweg, auf den Wegen des Lebens?

Hüttenbau

Die Verklärung Jesu

Und nach sechs Tagen nimmt Jesus den Petrus und den Jakobus und den Johannes mit sich und führt sie abseits allein (Luther: »besonders allein«) auf einen hohen Berg. Und er wurde vor ihnen verwandelt, und seine Kleider wurden ganz weiß glänzend wie sie kein Walker (Luther: »Färber«) auf Erden so weiß machen kann. Und es erschien ihnen Elia mit Mose, und sie redeten mit Jesus: »Rabbi, es ist gut, dass wir hier sind; und wir wollen drei Hütten machen, dir eine und Mose eine und Elia eine«. Er wusste nämlich nicht, was er dazu sagen sollte; denn sie waren in Furcht geraten (Luther: »bestürzt«).

Und eine Wolke kam und überschattete sie, und aus der Wolke kam eine Stimme:

»Dies ist mein geliebter Sohn, höret auf ihn!« Und plötzlich, als sie um sich blickten, sahen sie niemand mehr bei sich außer Jesus allein. Und als sie vom Berge hinabstiegen, gebot Er ihnen, sie sollten niemandem erzählen, was sie gesehen hatten, bis der Sohn des Menschen von den Toten auferstanden wäre. Und sie hielten das Wort fest (Luther: »bei sich«) und besprachen sich untereinander, was mit dem Auferstehen von den Toten gemeint sei. (Markus 9,2-10)

Lese ich diese Textstelle, so bewegt sich wenig in mir. Betrachte ich aber eine Verklärungsikone, so bin ich unvermittelt mit einem höchst dramatischen Geschehen konfrontiert: Auf einer Bergesspitze erscheint Jesus im weißen Lichtgewand. Neben ihm stehen Mose und Elia. Jesus steht in einem fünfzackigen Stern, der die lichte Wolke symbolisieren soll. Das Ganze ist von einer Rundaureole umgeben. Vom Glanz der leuchtenden Gestalt fallen drei Strahlen direkt auf die Jünger, ja, schmettern diese nieder. Einer stürzt kopfüber, der andere auf den Rücken, Petrus vermag sich auf den Knien zu halten. Besser könnte man das Umwerfende des Ereignisses nicht darstellen. Als Betrachter ist man unwillkürlich miteinbezogen in die Bestürzung und Verwirrung, welche das Geschehen ausgelöst hat.

Erinnern wir uns: Jesus nimmt die drei Jünger auf einen Berg mit, bringt sie an einen Ort, wo sie »besonders allein« sind, isoliert sie von ihren Brüdern und der Mitwelt. Man ahnt, dass er mit ihnen Besonderes vorhat. Er scheint sie für eine unerwartete Erfahrung zu prädisponieren. Und tatsächlich wird ihnen nun in ihrer abgehobenen Situation eine echte Vision zuteil. Nicht Anbetung und Andacht folgen, sondern größte Bestürzung. Was war so umwerfend, im wahrsten Sinne des Wortes? War es, dass der ihnen wohlbekannte und vertraute Freund und Lehrer plötzlich in anderem Licht und in fremder Gestalt erschien? War es sein Schweben, das sie irritierte? War es der überirdische Lichtglanz? Waren es die beiden Begleitpersonen, die gleichsam aus dem Nichts aufgetaucht waren? Schwer, sich in die Jünger einzufühlen.

Was will Jesus ihnen erklären? Was soll hier klar werden? Was clarifiziert sich hier? Geht es nur darum, seine, Jesu, Gestalt zu verklären und zu glorifizieren?

Die Verklärungsikone zeigt Jesus in einem Kreis, einer Rundaureole. Damit ist dargelegt, dass er jetzt in seiner göttlichen Gestalt auftritt. Blitzartig hat sich der Menschensohn zum Gottessohn gewandelt. Die beiden Gestalten neben ihm deuten zwei Aspekte seines Wesens und Wirkens an. Fortan muss er in einer Reihe mit Elia und Mose gesehen werden. Sein wird das Amt des Propheten und des Gesetzgebers sein. Als Prophet wird er aus seinen inneren Quellen schöpfen und als Gesetzgeber wird er uns über die Gesetzmäßigkeiten des Lebens unterrichten. Von seinem Alltagsleben weg wird Jesus enthoben in die Reihe ewiger Gestalten, in die Geschichte, in einen größeren Rahmen, in eine andere Dimension. Sein Ewigkeitsaspekt wird den Jüngern vor Augen geführt. Sie müssen von der Umwandlung Kenntnis nehmen. Das verwirrt sie.

Transfiguratio, wie das Verklärungsgeschehen auch heißt, stammt vom lateinischen Wort »figura« =

Gestalt, Figur, Form, Beschaffenheit, Art und Weise, ebenso vom Verb »figurare« = gestalten, bilden, formen. Trans-figurare wäre demnach wörtlich das Umbilden einer Figur, das Transponieren einer Gestalt, das Übermitteln eines Bildes, eine Übertragung, etwas in übertragenem Sinne sehen, Diesseitiges in Jenseitiges umwandeln.

Die Vision ist wie eine Konkretisierung der auf Jesus geworfenen Hoffnungen und Erwartungen und erscheint nun wie auf einer Projektionswand vor ihren Augen. Die Jünger sehen den Menschen Jesus plötzlich in seiner jenseitigen Gestalt. Es geht ihnen auf, dass diese bloßes Menschsein transzendiert. Ein Teil seines Wesens, seiner Art und Weise reicht über die irdische Dimension hinaus und sein Bild sprengt den engen Rahmen. Es ist, als ob Jesus den Jüngern sagen wollte: »Seht, das bin ich auch, das bin ich selbst, das ist mein größeres Selbst, mein erweitertes Sein.« Menschsein heißt, Grenzen überschreiten, am Göttlichen teilhaben. Jesus verändert das Bild vom Menschen, indem er, wie er hier dartut, seine göttliche Qualität zeigt. Das ist allerdings bestürzend und kann auch uns wie die Jünger verwirren.

Wie reagieren die Jünger? Alle fallen um, außer Petrus. Die Überwältigung ist umso dramatischer, als gleichzeitig eine Stimme aus der Nebelwolke ertönt. Petrus ist sich bewusst, dass er etwas ungewöhnlich Kostbares erlebt; deshalb möchte er den erhebenden Anblick festhalten. Gastliche Hütten möchte er den drei Gestalten bauen, um ihnen das Verweilen zu ermöglichen. Aber das Bild löst sich auf, die Gestalten verschwinden. Jesus kommt ihnen wie vordem entgegen.

Vermutlich würde es uns ähnlich ergehen wie Petrus, wenn uns eine derart gewaltige Erscheinung zuteil würde. Auch wir möchten den schönen Augenblick festhalten, möchten ihm einen Rahmen geben, möchten das Erlebnis einordnen können. Petrus wird eine echte Gottesschau zuteil.

Jeder Seelsorger, jeder Therapeut weiß, wie wichtig es ist, dass solchermaßen erschütterte Menschen Strukturen finden, die ihnen in dieser Überwältigung Halt geben. Erfahrungen dieser Art sprengen den Denkrahmen und erwecken ernsthafte Zweifel an der eigenen geistigen Gesundheit. Märchen, Mythen, Philosophien, Glaubensgebäude können hilfreiche Rahmen bieten. In ihrer Zeitlosigkeit zeigen sie dem Ergriffenen, wo solch ein Erlebnis einzuordnen wäre und dass immer wieder unerklärliche Ereignisse das Weltbild des Einzelnen wie des Kollektivs erschüttern. Gerade die Religionen sind bemüht, die Wucht solcher Erfahrungen aufzufangen.

Petrus, der Fischer, kennt die großen Lehrgebäude noch nicht. Ihm sind die Hütten am Ufer vertrauter;

sie gewähren ihm Obdach im Alltag. Ein solches Obdach möchte er auch den drei Gestalten der Vision gewähren. Vielleicht ließen sie sich dann auch in seine Begriffswelt aufnehmen. Aber es kommt nicht mehr dazu, das Bild verblasst. Nur der Eindruck bleibt.

Man belächelt gerne die Naivität des Petrus, mit welcher er das Geisterlebnis, die religiöse Erfahrung in vier Wände bannen will. Aber was gibt es da zu belächeln? Wurde nicht von Ungezählten, die nach ihm kamen, genau das gemacht? Folgte nicht auf seinen geplanten bescheidenen Hüttenbau eine erste heilige Stätte, ein Kultraum, eine Kapelle, eine Kirche, eine Kathedrale? Und sind nicht diese Bauten alle Versuche, dem geschauten, geahnten, verspürten, verwirrenden und hinreißenden Gotteserlebnis einen Rahmen, einen Raum zu geben?

Braucht nicht der Mensch am Ende diesen Schutz vor dem Wehen des Windes, dem Brausen des heiligen Geistes, der blendenden Lichterscheinung, dem mächtigen Walten Gottes?

Petrus ist bescheiden, ihm genügt eine Hütte, ein kleiner Raum. Einen Ort will er seinem Gott einräumen, will dem Heiligen eine Stätte bereiten. Die ihm passende würde wohl mitten in der Natur stehen, vielleicht auf dem Berg, vielleicht am stillen See. Dort würde er Gottes Nähe spüren. Auch wir können uns eine heilige Ecke einrichten, ein Hausaltärchen. Warum nicht? Das Heilige will irgendwo wohnen – mindestens im eigenen Herzen.

Transfiguratio? Ja, für Petrus hat sich durch diese Vision alles gewandelt. Was ihm bereits bei der Christus-Erkenntnis ahnungsweise aufgegangen ist – die Göttlichkeit Jesu – findet jetzt seine Bestätigung und bricht mit der ganzen Gewalt der Gotteserfahrung über ihn herein.

Gibt es Erlebnisse, die uns eine Spur des Nachempfindens dieses ganzen Geschehens erlauben? Erlebnisse, die uns im Kleinen, das heißt in unserem eigenen Dasein andeuten, was Petrus hier so überwältigend erfährt? Ich meine, zwei Befindlichkeiten zu sehen: Die eine ist der Zustand des Verliebtseins, die andere ergreift uns nach dem Tode eines geliebten Menschen. In der Liebe, vor allem während des Verliebtseins, sind wir geneigt, den geliebten Menschen von vornherein verklärt, in mildem Lichte, zu sehen. Wir erblicken in ihm alles Gute, Schöne, Wünschenswerte und sind in Gefahr, die banale Realität zu übersehen. In der Regel führt diese Missachtung der Wirklichkeit später zu großen Problemen. Wir tun dem geliebten Menschen Unrecht, wenn wir ihn nur als Beschönigten wahrnehmen. Wir stehlen ihm einen Teil seines Menschseins und stellen statt seiner ein eigenes Wunschbild auf. Er darf nicht so sein, wie er ist, sondern muss unsere Erwartungen erfüllen. Wir wollen ihn im besten

Lichte sehen. Verharren wir in dieser Einstellung, wird die Enttäuschung nicht ausbleiben.

Die andere Befindlichkeit sehe ich nach dem Hinscheiden eines nahen Menschen. Wenn ein geliebter Mensch unsere Welt verlassen hat, geschieht es nur allzu oft, dass wir sein Wesen, seine Gestalt in verändertem Licht sehen. Das Allzumenschliche verliert sich, die Makel weichen, wir vergessen, was uns einst wehtat an diesem Menschen. Wir verklären sein Bild. Vom lebendigen Menschen mit all seinen Ecken und Kanten, seiner Vielfarbigkeit wandelt er sich uns zu einer geläuterten und gleichsam ewigen Gestalt. Er ist eingegangen in die Ahnenreihe. Das ewige Leben nimmt ihn mit. Beschreibe ich damit nicht genau das, was Petrus bei der Verklärung schlagartig aufgeht?

Der Evangeliumsbericht bleibt an dieser Stelle nicht stehen, die Vision ist nicht von Dauer, der für einen Augenblick lang enthobene Christus tritt wieder in seiner menschlichen Gestalt als Jesus vor die Jünger. Es ist ihnen nicht erlaubt, bei der schönen Projektion zu verweilen. Nicht Anbetung, sondern Auseinandersetzung erwartet Jesus. Schweigepflicht erlegt er seinen Getreuen auf. Sie sollen das Geheimnis wahren, dessen Druck und Sprengkraft nutzen, die Erleuchtung in sich wirken, das Erlebnis in sich gären lassen. Sie sind gemahnt, den Menschensohn Jesus nicht ob dem Gottessohn Christus zu vergessen: wirklicher Mensch und wirklicher Gott in einer Person. Der Eine ist nicht zu haben ohne den Anderen. Wer das Menschsein Jesu vergisst und unterschätzt, stiehlt ihm etwas, schmälert ihn, löscht seine lebendigen Farben aus, ebnet ihn ein, lässt das Christentum verkommen.

Genauso schmälern wir das Andenken eines Menschen, wenn wir seine Schattenseiten leugnen, wenn wir ihm seine realen Merkmale rauben. Sein Andenken verliert an Lebendigkeit in dem Maße, wie wir ihn bereinigen, beschönigen, verklären. Wie tröstlich und wohltuend sind beispielsweise jene Trauerreden, die einen Verstorbenen objektiv zu werten wissen und nicht nur ein schöngefärbtes Scheinbild von ihm zeichnen!

Die Verklärung Christi sollte uns eigentlich aufhorchen lassen, denn nach der unerklärlichen Erfahrung geht der Alltag weiter. Aus ist es mit der Überhöhung und dem verklärenden Licht. Auf die kommenden Leiden wird nun hingewiesen. Erst der Weg durch sie wird den Menschensohn zum Gottessohn wandeln, wird ihn zu dem werden lassen, der er im tiefen Grunde ist, dessen volle Ausformung aber jetzt noch aussteht. Auch der Jünger Petrus wird erst in vollem Sinne Apostel sein können, wenn er alle seine Fehler begangen und an deren Folgen gelitten hat.

Warum sind mir diese Gedanken wichtig? Weil ich

hier ein Problem der christlichen Verkündigung sehe, der christlichen Sicht des Lebens überhaupt. Gerade diese Textstelle zeigt, wie bereits erwähnt, dass nach der Erleuchtung der Alltag mit seinen Schwierigkeiten weitergeht. Die Jünger und Jesus selbst fahren fort mit der Heilung von Kranken und Leidenden aller Art. Sie dürfen nicht in der Projektion des Wunschbildes verharren.

In der christlichen Lehre aber bleibt man häufig genug in der Projektion stecken, wirft das Idealbild des auferstandenen und verklärten Heilandes weiterhin an eine erhöhte Projektionswand, entfernt den Retter so aus dem Alltag und aus unserer Erfahrungswelt. Er wird zum enthobenen, unerreichbaren, makellosen Bild, verliert seine Menschlichkeit und büßt, für uns, seine Lebendigkeit ein. Dieser große Verlust für die kirchliche Verkündigung beraubt uns einer ganz zentralen Identifikationsfigur, derer wir dringend bedürfen.

Ich weiß, es werden die Leiden Jesu gepredigt; aber auch sie werden verherrlicht, statt sie in ihrer ganzen Schmerzhaftigkeit anzuerkennen. Leiden bedeutet immer und wirklich Leiden, auch für den, der eine göttliche Berufung trägt. Und diese Leiden dürfen nicht beschönigt oder gar bagatellisiert werden, weder bei Jesus, noch bei uns Menschen. So wurde Jesus von allen Fragwürdigkeiten befreit und dafür Petrus, sozusagen als Schatten Jesu, in die Rolle des Fehlbaren gedrängt. Später wird es Judas sein, der alles Schwarze auf sich nehmen muss.

Indem die paulinische Lehre den Akzent so sehr auf den fernen, unberührbaren Auferstandenen legt, schließt sie den Menschen Jesus aus der Diskussion aus und lässt uns leer ausgehen. Petrus aber, der sich laufend mit seinem Weggenossen Jesus befasst, lässt uns teilnehmen an dessen Tun und Lassen, fordert unser eigenes Nachdenken und Nachfühlen heraus und nimmt uns so mithinein in die Auseinandersetzung. Damit tut er uns einen großen Liebesdienst und erfüllt sein Apostelamt in vorbildlicher Weise.

Vor einigen Jahren stellte ich in zwei verschiedenen kirchlichen Gesprächsgruppen die Frage, ob die Teilnehmer zu Gott oder zu Christus beteten. Es stellte sich heraus, dass kein Einziger zu Christus betete. Das erstaunte mich, zeigte mir jedoch schlagartig, wie fern diese Gestalt den Gläubigen ist.

Doch zurück zur Verklärung: Ich meine, viele Menschen könnten heute der Kirche wieder näher kommen, wenn der Uhrzeiger vom Bild des fernen, verklärten, auferstandenen Christus weggeschoben würde zur Figur des nahen, menschlichen Jesus hin, der uns gerade in seinem Menschsein leitendes Urbild, statt moralisches Vorbild sein kann. Wir brauchen ihn hier und nicht im Jenseits! Gott wollte sein Reich auf der Erde gründen. Wo denn sonst?

Wie schade ist es doch, dass die Theologie Jesus alle Schuld und jeden Makel abspricht! Damit nimmt sie uns etwas Kostbares, Wesentliches, Hilfreiches und lässt uns mit unserer Schuld allein.

Dem gegenüber lese man noch einmal bei Jesaja 53, insbesondere da, wo vom leidenden Gottesknecht berichtet wird: »Unsere Krankheit hat er getragen, unsere Schmerzen auf sich geladen...«

Jeder Mensch weiß, wie belastend es sein kann, Kranken und Leidenden beizustehen. Ohne Wissen und Wollen wird der Helfer kontaminiert mit der Krankheit, wird davon affiziert und unter Umständen auch infiziert. Die Leiden uns naher Menschen gehen nie spurlos an uns vorbei. Mitleid und Mitleiden gedeihen nur, wo wir berührt sind. Wenn wir aber berührt sind, sind wir mitbewirkt und mitbelastet.

Jesus, dem Gottesknecht, wird von Gott das Mittragen der Sünde der Welt zugemutet und damit ein Riesenschatten aufgebürdet. Er trägt diesen als Last und als Dienst an Gott. Es ist anmaßend, diese Last zu bagatellisieren, mit der Vorgabe, Jesus sei jede Last leicht gewesen. Nein, er hat, als ein Sohn der Menschen, teil am Leiden der Welt.

Jesus Christus kann unmöglich nur Licht sein. Er trägt schicksalhaft mit am Dunkel, das auch sein eigenes, sein Kreuz ist. Gerade dieses tiefste Involviertsein unterscheidet ihn in eindrücklicher Weise von anderen Heroen. Der Begriff des Helden trifft auf ihn überhaupt nicht zu. Er ist menschlicher als diese und deshalb auch göttlicher. »Lamm Gottes, das du trägst die Sünden der Welt!«

Verklärung und Erhöhung ja, aber nur für einen lichten Augenblick; nicht jedoch als Dauerzustand. Petrus erkennt die Gnadenminute als erläuternde Vision – und gibt den Hüttenbau auf. Die Weisheit und der Realismus des Fischers verhalfen ihm zu dieser Einsicht.

Petrus weckt Zweifel

Versuchung durch Petrus und Kreuzannahme

Jesu erste Ankündigung seines Leidens:

Von da an begann Jesus, seinen Jüngern zu zeigen, er müsse nach Jerusalem gehen und von den Ältesten und Hohenpriestern und Schriftgelehrten vieles leiden und getötet werden, und am dritten Tage auferweckt werden. Und Petrus nahm ihn beiseite, fing an, ihm Vorwürfe zu machen und sagte: »Gott verhüte es, Herr; das soll dir nicht widerfahren!« Er aber wandte sich um und sprach zu Petrus: »Hinweg von mir, Satan! Du bist mir ein Fallstrick, denn du sinnst nicht, was göttlich, sondern was menschlich ist.« (Matthäus 16,21-24)

Wie eigenartig mutet es an, dass Jesus, kaum ist er als »Sohn Gottes«, das heißt in seinem Ewigkeitsaspekt erkannt, voraussagt, er werde leiden und sterben müssen. Woher weiß er das? Und was tut er seinen Jüngern durch seine Todesbereitschaft an? Wir treten hier mit Petrus in eine schwierige Phase: Soeben hat er in Jesus den Christus, den erhofften Führer und Erlöser erkannt, ja diesen selbst mit seinem wahren Namen bezeichnet und schon kommt die Enttäuschung. Der erhoffte Retter wird nicht lange leben, oder doch nicht in der Weise, wie sich die Jünger das wünschen. Was sollen sie sich unter einem Retter, der erst sterben muss, vorstellen? In welcher Weise wird er ihnen wieder lebendig sein? Mit welchen Schwierigkeiten ist Petrus, sind wir alle konfrontiert? Weshalb erträgt Petrus die Ankündigung nicht?

Ich vermute, sein Gottesbild, seine Gotteserwartung wurde umgestoßen. Den Sohn eines – wie geschrieben steht – lebendigen Gottes würden auch wir uns voller Macht und Kraft vorstellen, vor allem voll sprühender Lebendigkeit, in keiner Weise jedoch als Leidenden und in Knechtsgestalt. Jesus selber spricht von »... leiden müssen ... «. Er wählt das Leiden also nicht freiwillig, sondern es wird ihm auferlegt, so wie eben einem Knecht die zu tragende Last aufgebürdet wird. Petrus will das Leiden-Müssen seines Freundes nicht annehmen. Er stößt sich daran. Als Retter darf dieser keine Makel und keine Sorgen haben, noch darf er einer Bedrohung oder Schwäche ausgesetzt sein. Darf er dies wirklich nicht? Ist er nicht überzeugender gerade, wenn und weil er leidet?

Uns allen wäre es vermutlich ähnlich ergangen wie Petrus. Wir ertragen es schlecht, wenn ein Mensch, den wir lieben und verehren, in Schicksalsnöte gerät. Ja, oft sprechen wir ihm gar seine Schwie-

rigkeiten, seine Last ab, weil wir eine starke Identifikationsfigur brauchen, um die eigene Unsicherheit zu übertönen. Je schwächer wir selber sind,
umso stärker und makelloser soll die rettende Gestalt sein. Ist dies gerecht?

Genau gesehen, verwehrt Jesus hier den Jüngern,
ihn zu einer wirklichkeitsfernen Gottesidee empor-
zuheben und ihn so gewissermaßen in eine andere
Dimension abzuschieben. Er verbietet ihnen ja auch,
zu sagen, wer er sei. Vielleicht, weil er es noch nicht
ist, sondern erst werden muss. Als Leidender mit
menschlichem Schatten bleibt er ihnen nahe, spricht
ihre Fürsorge an, wird ihnen nicht entfremdet.

Für Petrus kommt die eigene Verunsicherung er-
schwerend hinzu. Seine eigene Erkenntnisfähigkeit
ist in Frage gestellt; er ist vor den Kopf gestoßen.
Soeben hatte er den erhofften Gottessohn erkannt.
Und nun soll dieser ihm wieder entrissen werden?
Wie schwer zu verstehen für den, der die Auferstehung noch nicht kennt, das »Stirb und Werde«
nicht wenigstens andeutungsweise in seinem eigenen Leben erfahren hat. Nur allzu verständlich
sind die Vorwürfe des Petrus an Jesus. Wer denn
würde einen Freund ohne Haltruf in den Tod
laufen lassen? Jeder würde einen ihm lieben Menschen mahnen und zurückhalten wollen. Viele
Menschen muss man vor sich selber schützen. Wir
alle sind froh, wenn in dunkler Stunde ein guter

Freund uns zuredet und zu ruhiger Selbstbesinnung anhält. So war auch Petrus voller Fürsorge für Jesus. Leider macht er die enttäuschende Erfahrung, dass er Jesus von seinem Schicksalsweg nicht abzuhalten vermag .

Wie heikel, wie anmaßend, wie gefährlich kann es auf der anderen Seite aber sein, jemanden von seinem Weg abzubringen! Wir kennen die Bestimmung eines anderen nicht. Sein Weg mag uns fragwürdig erscheinen, und doch müssen wir ihn – gegebenenfalls – ziehen lassen.

Jesus schreitet nicht ins Leere, er ahnt seinen Weg. Die Berufung zum Opfergang ist von außen schwer verständlich. Dieser ist für Petrus nicht nachfühlbar; deshalb sein Eingreifen. Die Reaktion Jesu auf die Bitten des Petrus ist ungemein heftig. Wann reagieren wir so? Ich denke, wenn wir selber im Zweifel sind. Jesus befindet sich an einem kritischen Punkt seines Lebens. Er ist in Gefahr, seinem Schicksal auszuweichen. Er hat Angst wankend zu werden. Noch könnte er fliehen. Petrus verunsichert ihn. Wie soll er wissen, welches der richtige Weg eines Messias ist? Was heißt es, »geliebter Sohn« zu sein, wie es ihm bei der Taufe zugesprochen wurde? Dass der Zweifel ausgerechnet durch Petrus geweckt wird, der ihn kennt und ihm nahe steht, bringt eine doppelte Versuchung: Jesus empfindet sie geradezu als teuflisch. Das Satanische im besten Freund ver-

Petrus schlägt Malchus das Ohr ab

borgen zu sehen – oder doch zu vermuten –, ist ein harter Brocken, in jedem Fall und für beide.

Welch unbarmherziger Pendelrückschlag zwischen den beiden: erst das gegenseitige Erkennen des Ewigen im Freunde, dann die schreckliche – wenn auch ungewollte – Versuchung. Jesus mahnt Petrus, er denke zu kurzsichtig, messe nur mit menschlichem Maßstab, kenne die größeren Ordnungen nicht und auch nicht die unerforschlichen Ziele. Petrus erliegt seinem eigenen Wunschdenken.

Die Dinge Gottes gehen über die menschliche Urteilskraft hinaus und folgen nicht den Gesetzen der Vernunft. Sie können voll der Gnade, aber auch voll der Betrübnis sein. Sind da nicht zahllose Schicksalswege, die uns mit einem trostlosen »Warum?« hinterlassen; sollten wir nicht besser fragen »Wo-zu«?

Gerade der Tod Jesu ruft nach der Frage »Wo-zu?«. Denn sein Tod führt nicht ins Nichts, er wandelt ihn.

Jesus nennt Petrus in dieser Episode einen »Stein des Anstoßes«. Kurz vorher bezeichnet er ihn als Stein, auf dem er sein Reich gründen wolle. Was gilt nun? Wie bringen wir die zwei Bezeichnungen zusammen? Woran stößt sich Jesus? Vielleicht am zu materiellen Denken des Petrus? Wäre es dessen Hartköpfigkeit, die Jesus nicht nur zum Stein des Anstoßes, sondern auch zum Markstein auf seinem Weg wird?

Jesu ursprüngliche Frage war ja: »Für wen halten die Leute den Menschensohn«? Und weiter: »...Für wen haltet ihr mich«? Er ringt also selber mit der Frage, wer er sei, ringt um Selbsterkenntnis, tastet ab, wo seine Grenzen liegen. Wird es ihm möglich sein, diese äußersten Gegensätze – zugleich wahrer Gott und wahrer Mensch zu sein – miteinander in Einklang zu bringen?

Petrus verhilft ihm zu einem Stück Selbsterkenntnis. Wie Jesus nun in Widerspruch zu sich selbst gerät und auch seiner eigenen göttlichen Natur nicht sicher ist, da er weiß, dass er sterben muss wie jeder Mensch, so soll auch Petrus lernen, die Widersprüchlichkeit des Menschseins einzusehen und auf sich zu nehmen. Das unerklärliche Paradox aber überfordert ihn.

Hier stehe ich vor der Frage, wie ich denn einem Nichtchristen die Annahme des Kreuzes erklären würde. Denn diese müsste nun von Petrus geleistet werden, wenn er die Gegensätze in Jesus erkennen und verstehen soll. Kreuz – das heißt für mich: mit Spannungen leben, um die eigene Gegensatzproblematik wissen und an deren Schwere leiden. Es hieße, nicht nur das Widersprüchliche der eigenen Natur, sondern der Natur insgesamt anzuerkennen. Trotz aller Schönheit ist sie grausam. Zu vereinen wäre das Streben nach Gott und die Beziehung zum Mitmenschen, das geistige Leben mit den Anforderungen des praktischen Alltags in Einklang zu bringen.

Annahme des Kreuzes verstehe ich als das Annehmen des Unvereinbaren, und dieses im Erleiden vereinen zu lernen.

Kreuzannahme meint nicht eine Imitation Christi, sondern verlangt, dass wir innerhalb der eigenen Gegebenheiten die Widersprüche verarbeiten und an dieser Verarbeitung reifen.

Nachfolge ja, nachmachen nein!

Rückblickend könnte man sagen, Petrus habe einen untauglichen Versuch des Menschenfischens unternommen, als er versuchte, Jesus von seinem Schicksal abzuhalten, um ihn seinem eigenen Gedankennetz einzuordnen. Er musste das innere Gesetz des Andern respektieren und ihn freilassen.

Warum schläft Petrus?

Und sie kommen in ein Gut namens Gethsemane. Und er sagt zu seinen Jüngern: »Setzt euch hier, bis ich gebetet habe!« Und er nimmt den Petrus und den Jakobus und den Johannes mit sich und fängt an, zu erschrecken und heftig zu zagen. Und er sagt zu ihnen: »Meine Seele ist zu Tode bekümmert; bleibet hier und wachet!« Und er ging ein wenig vorwärts, warf sich auf die Erde und betete, wenn es möglich wäre, möchte die Stunde an ihm vorübergehen, und sprach: »Abba, Vater, alles ist dir möglich; lass diesen Kelch an mir vorübergehen! Doch nicht was ich will, sondern was du willst.« Und er kommt und findet sie schlafend; und er sagt zu Petrus: »Simon, du schläfst? Vermochtest du nicht eine Stunde zu wachen? Wachet und betet, dass ihr nicht in Versuchung kommt! Der Geist zwar ist willig, das Fleisch aber ist schwach«. Und er ging wiederum hin und betete und sprach dasselbe Wort. Und als er zurückkam, fand er sie schlafend; denn ihre Augen waren vom Schlaf ganz überwältigt und sie wussten nicht, was sie ihm antworten sollten. Und er kommt zum drittenmal und sagt zu ihnen: »Schlafet nur weiter und ruhet! – Es ist genug, die Stunde ist gekommen; siehe der Sohn des Menschen wird überliefert in die Hände der Sünder. Stehet auf, lasset uns gehen. Siehe, der mich verrät, ist genaht.« (Markus 14,32-42)

Ich bin mir bewusst: Beim Nachdenken über diesen Text sollte von Jesus die Rede sein, der jetzt seine schwerste Prüfung bestehen muss. Alles andere sollte Nebensache sein. Wir vergessen Jesus und das tragische Geschehen nicht, wenden uns aber Petrus zu, dem ja unser Augenmerk gilt. Die bittere Not Jesu begleitet uns dabei wie ein dunkler Schatten im Hintergrund.

Warum schläft Petrus in dieser Schicksalsstunde, wo er doch soeben ewige Treue versprochen hat, und wo der Meister seiner so dringend bedürfte? Warum übermannt ihn also der Schlaf?

Ein kleiner Satz im Text fällt auf: Jesus geht ein Stück »vorwärts« (Vers 35), weiter als die Jünger. Mir sagt dies, dass Jesus tatsächlich in doppeltem Sinne »weiter« gehen muss als sie. Es entsteht hier eine nicht zu überwindende Distanz. Jesus muss seinen letzten Entschluss selber fassen, den letzten Kampf allein ausfechten. Keiner kann ihn begleiten. Für Petrus und seine Mit-Brüder hat diese schwerste Stunde noch nicht geschlagen. Sie sind noch nicht zu dieser hingereift. Sie sind überfordert. Nicht, dass sie ihren Herrn nicht begleiten wollen; sie sind ja bis zu diesem letzten Halt mit ihm gegangen. Sie haben mit ihm gebetet und mit ihm gesungen (Markus 14,26). Vielleicht war dies ihr Abschied, ein versöhnendes Lied in Frieden, das Jesus trösten und beruhigen sollte.

Nun aber, da Jesus mit sich und seinem Gott ringt, überfällt Petrus und seine Brüder eine bleierne Müdigkeit, die wie ein Mantel des Selbstschutzes sie alle einhüllt.

Sterben muss jeder allein. Mögen auch liebe Menschen um ihn sein, so ist doch nur er es, der diesen letzten Gang antritt. Dieses einsamste aller Geschehen kann uns keiner abnehmen. Nur das Gefühl der Geborgenheit in Gott wird uns helfen. Auch Petrus kann kein Beistand sein. Es fehlen ihm die seelischen Mittel, die seelische Reife. Wie denn hätte er dem Ringenden helfen können? Die Wahrscheinlichkeit, dass Petrus Jesus vor seinem letzten Schritt hätte bewahren wollen, ist groß. Er wäre ihm wieder zum Versucher geworden.

Jesus steht in seiner letzten Auseinandersetzung mit dem Willen Gottes, dem Er den seinen unterordnen muss. Muss Er oder will Er? – Wer dürfte sich anmaßen und es wagen, sich dazwischen zu stellen?

Petrus schläft nicht aus Gleichgültigkeit, sondern weil seine eigene Stunde noch nicht geschlagen hat, er den Opferwillen Jesu noch nicht verstehen kann.

>Alles hat seine bestimmte Stunde,
jedes Ding unter dem Himmel hat seine Zeit.
Geboren werden hat seine Zeit,
und Sterben hat seine Zeit.« (Prediger 3,1)

Wie können wir aber wissen, ob nicht etwas in Petrus zur selben Stunde, da sein Meister stirbt, geboren wird?

Versuchen wir, uns zu erinnern, in welchen Augenblicken unseres Lebens auch uns eine kaum zu überwindende Müdigkeit befällt! Sie pflegt uns schon bei weit geringeren Anlässen zu überkommen. Wie oft fangen wir oder unser Gegenüber, scheinbar völlig unmotiviert, zu gähnen an. Wann erleben wir solche Momente, einmal abgesehen von einer wohl-verdienten, normalen Müdigkeit?

Die banalste Antwort lautet doch: Wenn uns etwas langweilt, dann stellt sich das Gähnen ein. Man erinnere sich nur an einschläfernde Schulstunden, an Vorträge, die wir nicht verstehen, an Gespräche, die über unseren Interessenkreis hinausgehen und an vieles, vieles mehr.

Oder: Etwas Undefinierbares nimmt uns den Atem. Mit dem Gähnen schnappen wir nach Luft. Was beengt uns? Man beobachte sich selbst oder sein Gegenüber. Oft sind es Situationen, da uns jemand Dinge erzählt, die nicht an unsere Adresse gehören, oft sind es Geschichten, die wir schon mehrere Male gehört haben, oft wollen wir die Probleme des andern nicht hören (oder er die unseren nicht), weil sie uns zu nahegehen, weil wir verdrängen möchten, was auf uns zukommt. Wir wollen nicht auf uns nehmen, was der andere uns aufbürden möchte.

Wir haben genug an der eigenen Last und wehren ab. Wir sind es »müde«.

Ungezählt sind die Situationen, die uns in eine schläfrige Abwehrhaltung fallen lassen, aus welchen Gründen auch immer. Und wer wäre in seelischer Not nicht schon müde und elend unter die Bettdecke gekrochen mit dem einzigen Wunsch: jetzt nur schlafen, schlafen bis die Not vorüber ist.

Petrus mag es, angesichts der kommenden Prüfung, ähnlich ergangen sein.

So oft schützen wir Müdigkeit vor, wo wir doch wach bei uns selber und wach beim Nächsten sein sollten. Aber wir vermögen es nicht.

Manch ein alter Mensch wird diese »Müdigkeit« und Unlust seiner Umgebung kennen. Auch er wird mit sich und seinem Schicksal wie Jesus allein ringen. Und wie dieser wird er, wenn das Ringen bestanden ist, frei, aber innerlich allein weitergehen.

Petrus kann eben jetzt noch nicht Begleiter sein. Er hat die dafür notwendigen Lebenserfahrungen noch nicht gemacht. Seine symbiotische Beziehung zu Jesus ist noch nicht gelöst. Der Einsicht, dass er seinen besten Freund verliert, ist er noch nicht gewachsen. Er muss sich schützen.

Beim Nahen der Todesstunde eines Menschen steht die Türe zur Ewigkeit gleichsam offen. Die Gefahr, mit hinüberzugleiten ist groß. Wie ein Sog mag es den Helfer befallen und bedrohen. – Doch nein!

Auch Petrus muss hier bleiben. Seine Kraft, seine Gegenwart werden nach Jesu Hinscheiden doppelt gebraucht werden. Die Stunde des Petrus ist noch nicht gekommen. Er schützt sich durch den Mantel des Schlafes vor dem Ins-Jenseits-Mithineingezogen-Werden.

Man verurteile Petrus nicht. Keiner ist gefeit gegen ähnliches Versagen in schwerer Stunde. Überhaupt: Weshalb Petrus immer wieder verurteilen? Er ist so menschlich und hält uns nur den Spiegel unserer eigenen Schwächen vor. Dass er Jesus trotzdem treu bleibt, wissen wir aus seinem Wirken. Und gerade auf *diesem* Petrus, der nicht besser ist als wir, wollte Jesus seine Kirche gegründet wissen. Ist sie Jesu Absicht auch gefolgt?

Das Ohr des Malchus

Da traten sie hinzu, legten Hand an Jesus und nahmen ihn fest. Und siehe, einer von denen, die bei Jesus waren, streckte die Hand aus, zog sein Schwert, schlug nach dem Knecht des Hohenpriesters und hieb ihm das Ohr ab. (Matthäus 26,51 und Johannes 18,10)

Diese Textstelle meldet eine kleine, aber nicht unwichtige Begebenheit, die sich bei der Gefangennahme Jesu ereignete. Nachdem einer dem Knecht das Ohr abgeschlagen, gebot Jesus, inne zu halten und kein weiteres Blut zu vergießen. Nur in der Erzählung des Lukas wird die Heilung des Ohres durch die Berührung mit der Hand Jesu erwähnt. Noch etwas anders lautet die Erzählung im Evangelium des Johannes (Joh. 18,10), die ich hier in meine Überlegungen miteinbeziehe. In dieser Version bekommen die zwei Protagonisten einen Namen. So wird Simon Petrus die Rolle des Schwertführers zugedacht und der Diener des Hohenpriesters erscheint unter dem Namen Malchus. Weiter wird präzisiert, dass es das rechte Ohr war, das abgeschnitten wurde.

Ich möchte zweierlei bedenken: Erstens, was bedeutet es, – in einem tieferen Sinne – wenn einem

Menschen das Ohr abgeschnitten wird, und zwei-
tens, weshalb fügt Simon Petrus dem Diener des
Hohenpriesters diese Wunde zu.
Warum wird diese kleine Begebenheit überhaupt
erwähnt? Wie an anderen Textstellen des Evangeliums wundert man sich über solche Einzelheiten
und möchte enträtseln, was sie zu sagen haben, oder
ob sie rein zufällig dastehen.
Beim Blättern in der Bibel fällt mir auf, dass vor
allem im Alten Testament sehr oft vom Ohr die
Rede ist. Man liest vom »geneigten Ohr« Gottes
oder vom »verschlossenen Ohr« des Sünders. Die
»verstockten Ohren« werden als Zeichen der Un-
belehrbarkeit verstanden, so wie auch ganz allge-
mein das Öffnen und Schließen der Ohren bedacht
wird. Auch im Rechts- und Kultbereich spielte das
Ohr eine wichtige Rolle. Ja, es galt geradezu als
bevorzugtes und geistiges Körperorgan, da mit ihm
der Mensch die Offenbarung und das Wort Gottes
empfängt. Zwischen dem offenen Ohr des Menschen und dem weiten oder geneigten Ohr Gottes
stellt sich die Verbindung von Gott zu Mensch her.
Förderung und Ausdruck dieser Verbindung ist das
Horchen und der Gehorsam des Menschen. Wie
das Sandkorn in die Muschel, so fällt das Wort
Gottes in das Ohr des Menschen. Dort reift es,
befruchtet den Geist, fördert die Vergeistigung und
wird schließlich den Menschen auch zu inspiriertem

Tun beflügeln. Ganz bildhaft dargelegt ist diese Befruchtung auch in der Textstelle bei Markus 7,32-37, wo Jesus seinen Finger, Symbol des Heiligen Geistes, der Heilung wegen in das Ohr des Tauben steckt. – All dies wird dem Diener des Hohenpriesters nun unmöglich gemacht. Wahrlich eine harte Strafe, die Petrus ihm angedeihen lässt. Das Ohr ist – wie wir sehen – ein hoch sensibles Organ. Gewollt oder nicht gewollt vernehmen wir alle Geräusche um uns. Das Ohr vermittelt zwischen Außen und Innen, und das aufmerksame Hören wird zum Symbol für den Austausch zwischen Gott und Mensch. Das Ohr ist gleichsam Tor zur Seele.

Auch für unser Gleichgewicht sorgt das Ohr. Es handelt nicht, es empfängt.

Bei der Entwicklung des menschlichen Embryo wird das Ohr als erstes Organ ausgebildet. Schon drei Tage nach der Befruchtung wird es sichtbar. Mit drei Monaten ist das fertige Öhrchen da und hört den Herzschlag der Mutter. Am Lebensende erlischt das Ohr als letztes von allen Organen. Selbst der kaum mehr wahrnehmungsfähige Mensch kann noch bis zuletzt hören.

Was also, in tiefstem Sinne, geschieht Malchus, der nun sein Ohr verliert? Gleicht es nicht einer geistigen Kastration, wenn er nun seine Empfänglichkeit verliert? Und das geschieht dem Diener des Hohenpriesters. Vom Bilde her gesehen, steht die Verbindung zu Gott auf dem Spiel.

Hier rührt sich die Frage: Haben wir selber noch *beide* Ohren intakt oder fehlt vielleicht das *eine*? Für was alles sind wir taub? Wann wollen oder können wir nicht hören? Schneiden wir uns vielleicht selber das Ohr ab, indem wir einem Freund nicht zuhören? Oder verstopfen wir ihm das Ohr, wenn wir ihn mit zu langem Reden belästigen? Welche Probleme hindern uns am Zuhören? In welcher Weise verhalten wir uns wie der Ohrabschneider, auch wenn wir kein leibhaftiges Ohr verstümmeln? Und kennen wir die Frustration, wenn unsere Worte ungehört verhallen? Weshalb wurde das Ohr abgehauen und nicht die näherliegende Hand? Fragen über Fragen.

War es wirklich Petrus, der zum Schlage ausholte? Vielleicht hat dies mit seinem eigenen Hören zu tun. Simon – der Rasch-Hörende – straft seinen Gegner in höchst gezielter Weise. Das Ohr, das ihm selber so nötig und wichtig ist, mag er dem anderen nicht gönnen, raubt es ihm und setzt ihn so außer Gefecht. Ganz plump möchte man sagen, Petrus habe es faustdick hinter den Ohren.

Eine ganz andere Frage ist die, ob das Schwert eigentlich die gemäße Waffe sei, um ein Ohr abzuschneiden. Zeigt sich hier nicht einmal mehr die Unverhältnismäßigkeit der Reaktionen des Petrus, des allzu heftig Reagierenden! Offen bleibt auch die Frage, woher Petrus plötzlich ein Schwert hat. Läuft ein Fischer nicht eher mit einer Angelrute, einem Widerhaken, einem Netz gar als mit einem Schwert herum? Oder hat der Evangelist Johannes Gründe, Petrus ein Schwert zuzuordnen? Soll das Richtschwert darauf hinweisen, dass nur so dem Recht Genüge getan werden könne?

Zum Glück verbietet Jesus weitere Gewalt und fügt das Ohr wieder an. Petrus – falls er der Täter war – muss enttäuscht gewesen sein ob der schnellen Heilung. Der Streich ging sozusagen ins Leere.

Wer Ohren hat, der höre, und wer nicht hören will, muss bekanntlich fühlen. Alte Wahrheiten! Für Petrus, für Malchus und für uns. Übrigens, können Sie noch hören, horchen, lauschen, erlauschen? Ist Ihr geneigtes Ohr noch empfänglich wie jene Muschel, in der das Sandkorn sich zur Perle wandelt? Und: Sind noch genug Hörende in den Kirchen, und hört die Kirche auch uns Menschen? Fühlen wir uns von ihr erhört?

Petrus und Malchus, der Fragen sind ungezählte, die Ihr uns aufwerft! Mögen unsere Ohren weit genug sein!

Die Verleugnung

Und während Petrus unten im Hofe war, kam eine von den Mägden des Hohenpriesters. Und als sie den Petrus sah, wie er sich wärmte, blickte sie ihn an und sagte: »Auch du warst mit dem Nazarener Jesus«. Er leugnete jedoch und sagte: »Ich weiß nicht und verstehe nicht, was du meinst«. Und er ging hinaus in den Vorhof. Und der Hahn krähte. Und als die Magd ihn sah, fing sie von neuem an, zu denen, die dabeistanden, zu sagen: »Das ist einer von ihnen«. Da leugnete er abermals. Und bald nachher sagten wiederum die Dabeistehenden zu Petrus: »Wahrhaftig, du bist einer von ihnen; denn du bist ein Galiläer«. Er aber fing an, zu fluchen und zu schwören: »Ich kenne diesen Menschen nicht, von dem ihr redet«. Und alsbald krähte der Hahn zum zweitenmal. Da erinnerte sich Petrus des Wortes, wie Jesus zu ihm gesagt hatte: »Ehe der Hahn zweimal kräht, wirst du mich dreimal verleugnen«. Und er verhüllte sich und weinte. (Markus 14,66-72)

Diese Textstelle, die sogenannte Verleugnung, ist eine wahre Zerreißprobe für Petrus. In Lukas 22,31 kündigt Jesus ihm eine solche an, indem Er ihn warnt: »Simon, Simon, Vorsicht, denn Satan verlangt nach dir, dass er dich schüttle wie den Weizen im Sieb! Aber ich habe für dich gebetet, dass dein

Vertrauen nicht wanke. Stärke du, wenn du dich wieder gefunden hast, deine Brüder!«

Wenig später folgt dann das Verhör Jesu vor dem Hohen Rat, wo Petrus seinen Meister nicht mehr kennen will. Dieses Verhalten wird einseitig negativ eingestuft. Wie mir scheint, zu Unrecht. Es geht um anderes als um das Nicht-mehr-Stehen-Wollen zum einmal Erkannten. Wir müssen uns in die Verwirrung, die Unsicherheit, Enttäuschung und Einsamkeit des Petrus einfühlen. Eben noch glaubte er, in Jesus etwas Göttliches geschaut zu haben; nun erlebt er, wie dieser vom Kollektiv und den Autoritäten angezweifelt und verworfen wird.

Wäre er doch nicht Gottes Sohn? Erneut stehen Ahnung und Verstand einander entgegen. Soll Petrus Jesus angesichts der drohenden Todesstrafe folgen? Hat nicht Jesus selbst bestimmt, dass Petrus bleibe, als Fels und Gründungsstein des neuen Reiches? Was, wenn auch er sich ausliefern würde? Wir sehen ihn zwiespältigen Herzens im Gerichtshof stehen. Am wärmenden Feuer mischt er sich unter die Wächter, als ob nichts wäre, seiner eigenen Identität nicht mehr sicher.

Leiden nicht auch wir unter einer ähnlichen Des-orientierung, wenn nach einem großen Erlebnis oder einem archetypischen Traum, der uns Höchstes zu verheißen schien, die Realität dann doch so ganz anders aussieht? Wenn diese statt Erhebung nur

Petrus und die Magd

Anfechtung bringt? Wenn der vermeintlich so klar erkannte Weg sich wieder im Labyrinth verliert?

In dieser außerordentlich schwierigen und schmerzlichen Prüfung wird Petrus höchst unangenehm zur Rechenschaft gezogen und zu sich selber gerufen durch die Magd des Hohenpriesters. Ich will dieser Figur nicht weiter nachgehen. Wie wir bereits gesehen haben, war die Beziehung des Petrus zum Weiblichen sehr problematisch. Mir ist, als ob ihm in der aufsässigen Magd seine eigene negierte weibliche Seite noch einmal entgegentrete. Er kann nicht zu seinen Gefühlen stehen.

Doch zurück zur Frage, was denn an der Verleugnung Verwerfliches sein soll. – Ist sie nicht vielmehr der richtige und wichtige Schritt und Schnitt in der Entwicklung des Petrus?

Immer beginnt der eigene Weg mit dem Anprall, dem So-nicht-mehr-weiter-Können. Denken wir vergleichsweise an die Entwicklung des Künstlers: Nicht der, der seinen Meister fehlerlos kopiert, ist der begabteste Künstler, sondern der, der sich zur richtigen Zeit vom Meister zu trennen weiß und seine eigene Sprache findet. Die Trennung ist für beide schwer zu ertragen und wirft in beiden zu Recht die Schuldfrage auf. Es findet Verleugnung statt; sie geschieht aber im Sinne der Individuation. Wie wir wissen, gibt es keine Individuation ohne Schuld. Nur der selber schuldige Mensch kann die

Schuld eines anderen verstehen und verzeihen. Petrus steht im Brennpunkt des ethischen Konfliktes, gekreuzigt zwischen der Treue zum Meister und der Verpflichtung zur eigenen Aufgabe, zum eigenen Weg.

Psychologisch gesprochen entgeht Petrus der gefährlichen Identifikation mit dem Archetypus. Er realisiert seine Grenzen und hält sie ein. Sein Ich-Bewusstsein hat sich nunmehr gefestigt.

Lukas 22,31 kündet den Augenblick, da Satan Petrus seine teuflische Behandlung angedeihen lässt. Nehmen wir dieses Bild wahr, so sagt es, dass Petrus bis in seine Grundfesten erschüttert und durchgerüttelt werde. Alle Werte verlassen ihren festen Ort und wirbeln buchstäblich durcheinander. Petrus drohen inneres Zerwürfnis, Zersplitterung, Aus-den-Fugen-Geraten und letztlich die Auflösung. Doch dieses Zerworfensein in sich selbst bedeutet zugleich einen neuen Anfang. Denn jetzt wird alles Unnötige abgestreift, ausgesondert wie die Spreu vom Weizen, und nur das Nötige, Wesentliche bleibt: das Korn, der Kern, aus dem neues Wachstum und eine gewandelte Persönlichkeit hervorgeht.

»Du aber, wenn du dich wieder gefunden hast, stärke deine Brüder!«

Das Verhalten des Petrus bei der Verleugnung schreibe ich diesem Zustand des inneren Zerworfenseins zu.

Alte Heiligenlegenden verwenden für die innere Zerrissenheit das Bild der Vierteilung. Georg, der Drachentöter beispielsweise muss erst die Vierteilung erleiden und die wunderbare Wiederherstellung durch den Erzengel erfahren, bevor er zu seiner Heldentat fähig ist.

Heute verlangt die Psychoanalyse von ihren Patienten eine ähnliche Kur, wenn sie dem Konfliktherd nachspürt und alle Seelenteile auseinandersondert. Es ist nur zu hoffen, dass das Verfahren nicht ganz so »teuflisch« ausfällt.

Unser Text enthält noch die merkwürdige Stelle vom Hahnenschrei. Man erinnere sich: Jesus hatte Petrus prophezeit, er werde ihn verleugnen, »noch ehe der Hahn zweimal kräht«. Weshalb brachte Jesus den Hahn mit ins Spiel? In welcher Weise reichert sich das Bild an, wenn das Zeichen des Hahnes miteinbezogen wird? Ebensogut hätte Jesus sagen können: »... noch ehe der Tag anbricht ...«.

Der Hahn ist ein bedeutungsvolles Tier. Seine Symbolik beruht auf drei Eigenschaften: Fortpflanzungstrieb, Kampflust und Lichtempfänglichkeit. Der starke Fortpflanzungstrieb ließ ihn in der Antike neben dem Fisch, einem Bild der Fülle, zu einem kennzeichnenden Sinnbild des Lebens werden. Aus diesem Grund wurde der Hahn im heidnischen Kult anstelle von Menschenleben geopfert.

155

Durch sein aggressives Verhalten wird er zum Streithahn und steht für Kampflust und mutiges Einstehen für eine Sache. Wichtig ist aber vor allem seine Affinität zum Licht und zum neuen Tag. Er war dem Lichtgott Apollo und der Mondgöttin Selene geweiht. Den Weckruf des Hahnes vor Anbruch der Morgendämmerung empfand man als Erlösung aus finsterer Nacht und Gefahr. So wird er zum Lichtbringer und partizipiert an der Auferstehungssymbolik.

Indem Jesus den Hahn erwähnt, werden mindestens die Erwartungen bezeichnet, die Jesus an Petrus hegte: Zwischen Nacht und Tag, in der Phase des Überganges, soll Petrus Menschen wecken, mahnen, rufen. Lichtbringer wird er insofern sein, als Petrus in seiner Funktion als Fels und Stein des Anstoßes zum Nachdenken zwingt, das Bewusstwerden herausfordert und – so Gott will – Menschen zum »Licht der Erkenntnis« führen kann. Kampflust und geistiger Fortpflanzungstrieb befähigen ihn, mit hohem Einsatz die Sache Jesu fortzupflanzen.

Alles bliebe ungetan, würde Petrus sich mit dem Meister identifizieren und sich opfern. Im Sinne der *ihm* zugeteilten Lebensaufgabe muss er den Fluch der Verleugnung und Abkehr auf sich nehmen! So begeht er den anfechtbaren Schritt, die Sünde, und erfährt sich dabei als Mensch mit seinem Schatten, hier tatsächlich gemeint als Kriterium des

Menschseins! Hieß es denn nicht, Jesus werde »in die Hände der Sünder« fallen? Jetzt fällt Er. Petrus ist eine solche Sünderhand. Welche Paradoxie des Schicksals! Denn: Im selben Augenblick da Petrus verleugnet, weckt ihn der Hahn, und Jesus wendet sich ihm zu. Ein Aufmerksamkeit verlangendes und ergreifendes Simultangeschehen! Wie Balsam in eine Wunde träufelt, so wollen mir die Tränen scheinen, die Petrus nun weint. Könnte es sein, dass etwas in ihm heilend durchbricht? Dass das einst Minderwertige sich unversehens zum Vollwertigen gewandelt hat? Dass sich ihm endlich der Zugang zu seiner verachteten weiblichen Seite öffnet? Wir könnten auch sagen, dass mit den Tränen in sub-tilster Weise angedeutet sei, dass jetzt die innere Quelle fließt.

Dieses innere Fließen gehört mit zu den Kennzei-chen eines Apostels. Zum Apostolat gehört die Prophetie, und in diesem Wort – griechisch »pro-phaeteía«, aramäisch »nabia« – schwingen – wie gesagt – die Worte »Springbrunnen«, »hervor-schnellen«, »ständig sich ergießender Strom« mit. Ein Apostel ist demnach ein Mensch, der an seine inneren Quellen angeschlossen ist. Damit rundet sich das Bild vom Felsen, aus dem das Lebenswasser quillt.

Meine Auffassung sehe ich bestätigt durch die Lehre der Ostkirche: Sie misst den Tränen des Petrus großen Wert zu. Nach ihrer Ansicht hat Petrus durch die vielen Tränen der Einsicht und Reue seine Apostelwürde wiederhergestellt oder sie neu gefunden, nachdem sie durch Fehler und Zweifel arg angeschlagen war. Petrus hat sich wiedergefunden und seinen Schatten erkannt. Er wird Menschen in ähnlicher Not beistehen können.

Petrus in Ketten

Zu einem Fresko (um 1320) aus dem Georgskloster, Staro Nagoricino, Jugoslawien[36]

Noch liegst du in Ketten.
Kreisrund umschließt die Fessel den Hals.
Die Hände gefesselt.
Die Füße gefesselt.
Kette vom Hals bis zum Fuß.
Du in dir selbst gefesselt.
Die Kette trennt dich entzwei, in Zwei.
Zweiteilig ist deine Seele, heilig und unheilig in einem.
Weiß und braun dein Gewand.
Weiß: Farbe des Lichts und der Trauer.
Weiß dein Bart, dein Kopfhaar und Stirn.
Doch will die Erde ihr Teil und schenkt dir ihr Braun.
Erschöpft, entmutigt, enttäuscht, schläfst du.
Müde ruht der Kopf in der Hand, als lauschest du.
Höre gut!
Denn der Engel ist gekommen.
Hat sachte sich zu dir gesetzt.
Er blickt dich an
und leise fächelt sein Ohrband im Winde.
Noch siehst du ihn nicht.

Schlagartig zwar, doch weiblich, zart und behutsam weckt
er dich auf.
Nimmt dich in seinen Schoß.
Umfängt dich wie eine Mutter, eine Schwester, eine Freun-
din.
Dein Engel ist dunkel.
Wie wohl wäre mir, es gäbe jetzt das Wort »Engelin«.
Engel sind schwer zu durchschauen.
Bald bringen sie Licht, bald bringen sie Dunkel.
Engel sind zwielichtig.
Vielleicht magst du deshalb nicht hinschauen.
Aber spür' den Engel und seine Hand auf der Schulter.
Fühl' wie er sich dir beigesellt.
Ein Teil deiner selbst ist schon beim Engel.
Er trägt ihn auf seiner Brust.
Du bist sein Anliegen.
Steh' auf Petrus! Dein Fuß ist bereit.
Nimm auch den andern hervor.
Wag' weitere Schritte.
Oder ist es zu früh?
Mächtige Scheiben steigen hinter dir und dem Engel empor.
Schutzschild euch beiden.
Mit runder, goldener Kraft
schieben und drängen sie euch nach vorn,
hinein in das Jetzt.
Golden sind sie, jedoch gefasst und begrenzt
von Weißem und Schwarzem;
denn Lichtes und Schattiges umgeben dein Leben.

160

Doch nun leuchtet der Torbogen silbern auf,
als spräng' eine Quelle,
die den Dürstenden labt.
Trink' du selber daraus und mache dich auf.
Frei ist der Weg und niedrig die Schwelle.
Erwache und glaube dem Engel.
Er ist größer als du.
Engel und Seele, dir in allem verwandt.
Erwache, denn die Stunde ist da!

Die Magd aber meldete: »Petrus steht vor dem Tor«. Sie
aber sagten zu ihr: »Du bist von Sinnen«. Doch sie
versicherte, es sei so. Da sagten sie, es sei sein Engel. Petrus
aber fuhr beharrlich fort, zu klopfen. Als sie nun öffneten,
sahen sie ihn und waren außer sich vor Erstaunen«.
(Apostelgeschichte 12,14-16)

Die Magd aber meldete ...
Die Magd?
Ja, die Magd.

Nachsinnen

Wir sind mit Petrus ein Stück Weges gegangen und haben versucht, ihn zu verstehen, haben uns dabei auch bemüht, uns selbst zur Rechenschaft zu ziehen. Können wir uns Petrus zum *Bild* wählen? Geht doch auch an uns die Aufforderung »apostelgleich« zu werden. Können wir uns ihm angleichen? Oder wären wir anders? Sind seine Zweifel, seine Unsicherheiten auch die unsrigen? Würden wir uns anders verhalten? Vor allem: Sind wir so hellhörig und rasch entschlossen wie er? Würden wir, wie er, trotz aller Rückschläge so unverbrüchlich in eine einmal eingegangene Beziehung vertrauen, einem einmal erkannten Wert so treu bleiben?

Ich wollte den Apostel, der uns mehr angeht, als wir *gemeinhin* ahnen, näher ins Blickfeld rücken. Sein Leben bedeutet mir gleichzeitig Verkündigung. Ob sich die Dinge, historisch gesehen, jeweils genauso abgespielt haben wie geschrieben steht, bleibe dahingestellt. Jedenfalls werden sie so überliefert. Wäre der Beweis auch schwer zu erbringen, so ändert weder das Eine noch das Andere etwas an der innewohnenden Wahrheit der Erzählungen.

Mit Petrus werden uns Lebensmuster, Grundstrukturen übermittelt, die zu erkennen und zu beherzigen nützlich sind. Er nimmt uns mit auf seine Reise mit Jesus. Wir sind frei, ihm zu folgen, falls wir wollen. Er könnte uns Brücken bauen. Wenn wir seinen Weg mit dem Meister ahnungsweise mitvollziehen, werden wir miterleben, wie seine Erlebnisse einerseits zu Selbst-, andererseits zu Gotteserfahrungen führen. Auf Schritt und Tritt ist Petrus konfrontiert mit dem Göttlichen seines Weggenossen und der Reaktion seiner eigenen Seele auf dieses Göttliche. In dem Maße wie wir uns in ihn einfühlen, wird auch uns einiges zuteil.

Simon Petrus ist ein Mensch, der zu sich selbst findet. Deshalb ist er auch nahe dem Bilde Gottes, das er wie einen Samen in sich trägt. Von diesem aufkeimenden Samen wird er gelenkt, beflügelt und beseelt. Die Theologie nennt diesen inneren Kern »immerseiender Logos«, die Psychologie verwendet dafür den Begriff »Selbst«, und die Kirchenväter sprachen von der »imago dei in homine«, dem Bild Gottes in der menschlichen Seele. Jeder versucht einen Namen zu finden für diese innere bewegende Kraft.

Wie eigenartig ist doch immer wieder, dass gerade Petrus, ein Fischer und nicht ein Lehrer, berufen wurde! Weder als Priester noch als Bischof zeichnet ihn das Evangelium. Auch als Hirte kam er nicht, sondern er kam mit dem Fischnetz. Kein Prunk

163

umgab ihn. Er hat nicht gethront und nicht residiert. Er war unterwegs und hat in seinem Unterwegssein versucht, Menschen für das zu begeistern, was ihn selbst mit Geist erfüllte, ihn seinem Alltag entriss und ihm eine andere Lebensbahn öffnete.

Wie eine auf Petrus gegründete Kirche konkret aussähe, bleibt schwer zu sagen. Ich wage nur zu phantasieren. Jedoch bin ich überzeugt, dass es eine andere wäre, als die, die uns Paulus verschafft hat: Paulus, der doch eigentlich keinen dem Petrus vergleichbaren Auftrag von Jesus hatte und den Jesus auch gar nicht kannte.

In meiner Phantasie wäre eine Kirche, die sich auf dem Fischer-Apostel Petrus gründet, eine kleine, naturnahe Gemeinschaft. In dieser würde man etwas spüren von grüner Lebenskraft und frischem Morgenwind. Das Mächtig-Sakrale unserer großen Kirchen müsste in den Hintergrund treten, dafür würde man die ewigen Wasser ahnen, die Windstöße des Geistes und die Reichtümer aus der Tiefe. Schön wäre, die Angehörigen dieser Kirche könnten sich unter freiem Himmel versammeln, an einem stillen See, unter Bäumen oder auf einer Anhöhe. Keine Bauten und Mauern würden den Blick zum Himmelsgewölbe einengen. Diese Schutzlosigkeit würde der Berührbarkeit des Petrus entsprechen, so wie er einst im schwankenden Boot seinem Gott gegenüberstand.

Eine solche Gemeinschaft sähe ich netzartig strukturiert. Der Einzelne wäre in ein größeres oder kleineres Beziehungsnetz verwoben, je nach Bedürfnis. Es ginge demokratisch zu. Jeder wäre mitverantwortlich für das Ganze, wie für den Einzelnen. Jeder dürfte und müsste seine individuellen Gaben, auch die geistigen, miteinbringen. Die Predigt fiele zugunsten von gegenseitigen Gesprächen weitgehend weg. Der Kirchgänger würde mehr befragt als belehrt. Auch er hätte Essentielles beizutragen. So wäre das Netz von wirklichem, vielfältigem Leben gespeist. Jedes Glied wäre ein verbindender Knoten im flexiblen Gewebe und müsste seinen Standort innerhalb des Ganzen verbindlich einnehmen. Ein Netz funktioniert nicht nach dem Schema Hirt und Herde, sondern verlangt die eigenverantwortliche Mitwirkung jedes Einzelnen.

Verbindlicheres Leben wäre die Folge. Was den Einzelnen beträfe, würde das ganze Netz in Schwingung versetzen. Dieses Beziehungsnetz würde ein hohes Maß an persönlicher Ethik, Wohlwollen, Zuwendung und Fürsorge, also auch echt weibliche Werte, fordern.

Es wird nicht zu umgehen sein, dass das Netz irgendwo festgemacht wird. Neben der Verpflichtung auf ein gemeinsames Ziel und Anliegen bräuchte es vermutlich die feste Hand eines Menschen, der die eingebrachten Impulse formuliert und zur

Ordnung ruft, wo nötig. Innerlich aber wäre diese kleine Kirche Gott verpflichtet, dem »Punkt außerhalb«.

Falls diese Gemeinschaft den Lehren Jesu folgt, müsste die Beweinung der Welt so wichtig sein, wie deren Lobpreis und die Schatten des Menschseins so kostbar wie die Freude am Leben. Zu den Lehren Jesu zähle ich vor allem die Bergpredigt und die Gleichnisse. Parallel-Kirchen und Gemeinschaften wären nicht nur erlaubt, sondern erwünscht. So bliebe das ganze kirchliche Leben bunt und lebendig. Alle würden sich gegenseitig anregen und bereichern. Übrigens, wer in diesem Netz ein »Knoten« ist, steht im Fadenkreuz und ist so der Kreuzstruktur existentiell verbunden. Er nimmt dieses ganz persönliche und dennoch dem Ganzen verbundene Kreuz auf sich. Er versucht nicht, es einem Andern aufzubürden. Der Andere trägt genug am eigenen.

Ein Petrus- und Jesus-Nachfolger ist sich bewusst, dass die Doppelnatur des Meisters, Mensch und Gott in einem, Widersprüche mit sich bringt, so wie die Arme des Kreuzes sich gegenseitig widerstreben und sich doch durchdringen.

Petrus verdanken wir das Wissen um das gegenseitige Erkennen und Erkanntwerden. Er war es, der im Menschen Jesus den Christus erkannte. Er ahnte die geheimnisvolle Kraft im Menschen, die sich im Bild des göttlichen Kindes manifestiert, für die Jesus aber auch das Symbol der Perle oder des Saatkorns verwendet. Diese innere Kraft ist es, die auch uns alle erst zu Menschen macht.

Fordere ich idealistische Utopien ein? Sicher, weithin. Und doch – wenn ich die Phänomene betrachte, die sich heute weltweit innerhalb und außerhalb der Kirchen zeigen, dann will mir scheinen, wir seien bereits unterwegs zu ganz neuen Kirchenformen. Nicht ein Gebäude, nicht eine Hierarchie, nicht ein theologisches Lehrsystem baut sich auf, sondern ein Netz des gegenseitigen Interesses, der Zuwendung und der bewegteren Rituale. Der Prediger ist von der erhöhten Kanzel herabgestiegen. Falls es ihn überhaupt noch gibt, sitzt er mitten im Gesprächskreis. Wer's nicht glaubt, der beachte die zahllosen religiösen Gemeinschaften, Bruderschaften, Schwesternschaften, Hauskreise, Bibelgruppen, Bibelseminare, Meditationsringe, Sakraltanzgruppen, Chorsängervereine und wie sie alle heißen. Es sind ihrer Tausende! Die meisten funktionieren ohne Priester oder Pfarrer und fühlen sich dennoch dem Christentum verpflichtet. Jesus selber sagte, das kommende Reich Gottes auf Erden sei wie ein Netz. Netze überall! (Soeben meldet die Zeitung, die Kirche selbst habe sich an das weltweite Internet angeschlossen!)

Doch das darf ich nicht vergessen: Keineswegs

möchte ich die unvergleichlichen Kunstwerke, die großartigen Sakralbauten, die herrlichen musikalischen Gestaltungen und Gesänge, die das Christentum hervorgebracht hat, missen. Sie alle sind unvergängliche Zeugen und Zeichen der Gottesverehrung, des Geistes und der Kultur. Wir sind allerdings gefordert, unsere Netze neu auszuwerfen und vertrauend einzubringen.

Petrus wurde zum Stein bestimmt, zu einem Anfangsstein für eine neue Verbundenheit unter Menschen. Man gab diesem Verbundensein den Namen Kirche. Viele fühlten sich hingerufen zu diesem Miteinander. Der eine rief den anderen.

Der Glauben des Petrus begann mit seinem Erkennen des Göttlichen im Mitmenschen, in seinem Falle im Mitmenschen Jesus. Im Maße, wie er erkannte, wurde auch er erkannt. Erkennen bringt Befruchtung und Belebung. Jesus und Petrus erkannten das Ewige im je Anderen und fanden dadurch zu sich selbst. Sie wurden Bausteine für ein neues Haus Gottes. Gott ist nicht nur der ganz Andere, sondern auch der ganz Nahe.

Aber muss es denn immer ein Haus, könnte es nicht – ich möchte insistieren – auch ein Netz sein? »Siehe das Reich der Himmel ist wie ein Netz«. Und es liegt vor der Tür, liegt bei der Hand, ist im Kommen und manchmal meint man, es zu ahnen. Wo? Hier natürlich.

Wann fangen wir an, am Netze mitzuweben?
An Petrus, der uns so nahe ist, könnten wir unser
Glaubensnetz festmachen. In ihm fühlen wir uns
verstanden.

Doch genug nun! – Möge mir der heilige Petrus
verzeihen, dass ich, obwohl eine »Unwürdige«,
heimlich am Maschenwerk mitgeknüpft habe. Ich
lege das Werk zu seinen ehrwürdigen Füßen nieder
und hoffe, es möge der gute Alte mir, wenn ich bald
leise anklopfe, die Himmelspforte gnädig öffnen.
So überlasse ich den stillen, alten Mann denn wieder
dem Fischfang und seinem Dienst an den ewigen
Netzen.
Oder wäre Petrus gar nicht alt?

Helene Hoerni-Jung
August 1996

Anmerkungen

1. Oscar Cullmann, Petrus. Jünger – Apostel – Märtyrer, Zürich 1952.
2. Dorothea Forstner OSB, Die Welt der christlichen Symbole, Innsbruck-Wien-München ³1977, 256.
3. Ebda.
4. Ebda.
5. Englisch: »put out into the deep«.
6. Archetypos, von griech. archae: Anfang, Ursprung; und griech. tipto: schlagen, kerben, prägen; typos = das Eingekerbte.
   »Der Begriff des Archetypos ... wird aus der vielfach wiederholten Beobachtung, dass zum Beispiel die Mythen und Märchen der Weltliteratur bestimmte, immer und überall wieder behandelte Motive enthalten, abgeleitet. Diesen selben Motiven begegnen wir in Phantasien, Träumen, Delirien und Wahnideen heutiger Individuen. Diese typischen Bilder und Zusammenhänge werden als archetypische Vorstellungen bezeichnet. Sie haben ... die Eigenschaft, von besonders lebhaften Gefühlstönen begleitet zu sein ... Sie sind eindrucksvoll, einflussreich und faszinieren. Sie gehen hervor aus dem an sich unanschaulichen Archetypus, einer unbewussten Vorform, die zur vererbten Struktur der Psyche zu gehören scheint und sich infolgedessen überall auch als spontane Erscheinung manifestieren kann« (C.G. Jung, Er-

innerungen, Träume, Gedanken, hg. von Aniela
Jaffé, Zürich 1962, 410).

7. Das Selbst = der zentrale Archetypus. Der Archetypus der Ordnung. Die Ganzheit des Menschen.
»Das Selbst ist eine dem bewussten Ich überge-
ordnete Größe. Es umfasst nicht nur die bewusste,
sondern auch die unbewusste Psyche und ist daher
sozusagen eine Persönlichkeit, die wir *auch* sind...«.
In diesem Zusammenhang siehe auch: Das Gottesbild: »Der Begriff stammt von den Kirchenvätern,
nach denen die imago dei (das Gottesbild) der Seele
des Menschen eingeprägt ist. Wenn solch ein Bild
spontan in Träumen, Phantasien, Visionen auf-
taucht, muss es innerhalb der psychologischen Be-
trachtungsweise als ein Symbol des Selbst verstanden werden«. Vgl. C.G. Jung (wie Anm. 6), 411,
415.

8. Peter Schellenbaum, Die Spur des verborgenen
Kindes, Hamburg 1996.

9. C.G. Jung, Hundert Briefe, Olten-Freiburg/Br.
1975, 52.

10. In Anlehnung an Epheser 4,9-12: »Das Wort aber,
Er ist hinaufgestiegen, was bedeutet es anderes, als
dass Er auch hinabgestiegen ist in die Gebiete unter
der Erde? Er ist es, der hinabgestiegen und über
alle Himmel hinaufgestiegen ist, um alles mit seiner
Gegenwart zu erfüllen. Und Er hat die einen zu
Aposteln bestellt, andere zu Propheten, andere zu
Evangelisten, andere zu Hirten und Lehrern, um
die Heiligen für das Werk des Dienstes auszurü-
sten...«

11. Pfingst-Troparion, aus: Liturgikon. Messbuch der
byzantinischen Kirche, Recklinghausen 1967, 214.

12. Zum Fels siehe mehr in: Helene Hoerni-Jung, Vom
inneren Menschen, München 1995, 83-96.

13. Kittel Bd. 6/35 – »Rabbinische Tradition« bei Forstner, a.a.O., 126 f.

14. Wilhelm Schneemelcher (Hg.) Neutestamentliche Apokryphen, Tübingen [5]1987, 326; vgl. Matthäus 6,15 und 18,35; Sirach 28,2.

15. Josef Weiger, Auf ein altes Bild der Mutter vom Guten Rat, Maria darstellend, wie sie an einer Schnur dicke Knoten auflöst; in: Maria in Dichtung und Deutung, Zürich 1962, 364.

16. Dorothea Forstner, a.a.O., 529.

17. Siehe die Reich-Gottes-Parabeln bei Matthäus.

18. Hebräer 5,1-4.

19. Siehe unten im Kapitel über die Verleugnung.

20. 4. Buch Mose 12,6-7.

21. Mehr über den Selbst- und den Logos-Begriff bei Helene Hoerni-Jung, Maria. Bild des Weiblichen, München 1991, 12 f., 44 f.

22. Protevangelium des Jakobus, in: Wilhelm Schneemelcher (Hg.) Neutestamentliche Apokryphen, Tübingen [5]1987, Bd., 1 Kap. 9.

23. Auf Ikonen.

24. 4. Buch Mose 20,6-11.

25. 4. Buch Mose 17.

26. Helene Hoerni-Jung, Maria. Bild des Weiblichen, a.a.O., dort: Kapitel über die »Einführung Mariä in den Tempel«.

27. C.G. Jung, Gesammelte Werke, Bd. 10, Olten und Freiburg i. Br. 1974, 184.

28. Ezechiel 2,1-2.

29. Wie Anm. 21, Kap. »Entschlafung Mariä« (Assumptio).

30. Wilhelm Schneemelcher (Hg.) Neutestamentliche Apokryphen, Tübingen [5]1987, Bd. 2, 63 (Kérygmata Petrou).

31. Ebda. 66.

32. Ebda. 73.
33. Ebda. Bd. 1, 315.
34. Belegt aus dem südslawischen Raum, sowie aus Ungarn, Böhmen, Österreich, Deutschland, Schweiz; s. hierzu: Oskar Dähnhardt, Natursagen I, Bd. II, Hildesheim-Zürich-New York 1983.
35. Dorothea Forstner, a.a.O., 334.
36. Das Bild findet sich in dem Buch: Joh. H. Emminghaus, Petrus. Aurel Bongers Verlag, Recklinghausen 1964.

Bildnachweis

32 a   Aus: Egbert-Codex (um 950), Stadtbibliothek Trier

48 a   Aus: Egbert-Codex (um 950), Stadtbibliothek Trier

85 a   Aus: Perikopenbuch Heinrich II. (um 1000), Bayerische Staatsbibliothek München, Clm 4452, fol. 152v

112 a   Aus: Evangeliar Otto III., Bayerische Staatsbibliothek München

136 a   Aus: Codex aureus Epternacensis (um 1030), Germanisches Nationalmuseum Nürnberg, fol. 110v

152 a   Aus: Codex aureus Epternacensis (um 1030), Germanisches Nationalmuseum Nürnberg, fol. 110v